保險銷售寶典

國際NLP訓練師徐承庚教你
如何改變傳統保險銷售技巧
快速成為TOP SALES

U0014671

徐承庚——著　　徐岱欣——圖

大腦運作的百科全書

人壽處經理／**何青馨**

　　身在金融保險業十六年，上過無數的進修課程，最讓我一生受用的，真的就是 NLP 了。有人問過我，學 NLP 是業務技巧、身心靈課程還是自我成長課程？我想答案不盡相同，因為我們總是會為了關係中的各種問題和情緒，而去尋求解決方案！事業如此，家庭、人際亦是如此。

　　對我而言，NLP 並不是解決方案，而是從源頭「根除原因」，一旦這個因被轉化成能量，也就不再有令我們痛苦的果，自然也就不需要任何方案的拯救，因為能救我們的祕密，就藏在我們的大腦裡！

　　尤其上了承庚老師的「高階執行師」課程後，更是啟蒙了我的內在力量，和療癒了我童年的單親陰影。也許是有深厚

的心理學底子，也許是有豐富的銷售實戰經驗，老師總是能將專業的神經程式語言學，變成穿透人心的導師能量。

在初學 NLP 時，十二個前提假設就讓我放下大腦的主觀意識。我甚至曾經每天抄寫，讓這些信條植入我的大腦，我把它變成我的語言，好讓它去會一會我的潛意識。當我了解「前提假設」背後的意義，才更能吸收 NLP 厲害的各項技術（像是咻模式、心錨、呼應和引導、第三人稱）。

尤其是「**溝通的意義決定於對方的回應**」，讓我在行銷上有很多的幫助。身為業務員的我們，很容易說得多、聽得少，但其實自己說什麼並不重要，對方接受什麼才重要。

說話的方法由我們控制，但是效果由聽者決定。不要僵化在背話術，我們得要改變說話的方法，才有機會改變客戶聽到的效果。

搭配 NLP 的「**呼應加引導**」技術，可以在開場白就透過呼應讓客戶自動對號入座，再透過引導進入到解決方案。

　　這是不是一場科學版的銷售模式，讓行銷不再只是透過
個人魅力，透過了解大腦的運作，就擁有讓自己成功的資源！
而承庚老師的這本書，更是大腦運作的百科全書，好好細讀品
味，並且實作於行銷，本書將是所有業務最好的朋友。

卓越的 NLP 銷售實踐寶典

全心策略訓練中心共同創辦人、美國 NLPI 認證 NLP 國際發展師／**袁希、金易樟**

　　做為美國 NLPI 總代理，推動 NLP 教學與研究工作多年，非常榮幸接到徐承庚先生的邀約，為這本優秀的 NLP 著作撰寫推薦序。

　　NLP 在全球的發展，濫觴於 1976 年，美國的理查・班德勒（Richard Bandler）博士、約翰・葛瑞德（John Grinder）博士的著作《神奇的結構：NLP 語言與治療的藝術》（The Structure of Magic），在心智生態學大師葛雷格里・貝特森（Gregory Bateson）的整體計畫中，NLP 作為美國政府支持的項目，對全球心理諮商、商業應用、教育訓練、人際溝通等多個領域，起了革命性的影響力，讓各領域的人們重新思考大腦、神經與心理的關係，也直接、間接造成了數以萬計令人振奮的成果。

　　徐承庚先生撰寫的這本書，從 NLP 的基本改變結構、大腦表象系統，講到潛意識時間線、口語應用的各種模式，深入淺出提供了讀者一條清晰的道路，將 NLP 應用在銷售與業務工作的實踐中。

　　更加令人驚豔與感動的是，短短的兩百多頁之中，本書融合了 NLP 專業執行師領域數個重要概念與練習技巧，從各種角度分析，它都是一本卓越的 NLP 銷售實踐寶典。

　　本篇推薦序兩位筆者袁希與金易樟，多年來在亞洲開展了一系列包含課程、YouTube、Podcast 以及各社交平臺的 NLP 教學，創下全球第一位躍上國際 TED 平臺的 NLP 學術貢獻者、全華人首本 NLP 專書、英國劍橋 2018 全球百大專家等多項榮譽，將國內的 NLP 趨勢，從純粹心理的學科探究，帶向富含科學與實踐基礎的全面應用與提升。

　　在各類心理學蓬勃發展的今日，本書的出現更令人期待，它將帶動更多人進入 NLP，獲得驚人的改變！

透過 NLP 知識進行業績的蛻變

　　很多人說，保險是最難銷售的商品，因為它屬於無形的商品。也正因為如此，許多人願意放下原有的工作，來挑戰這無形商品背後帶來的百萬、甚至千萬年薪的神聖工作。

　　為何說這是一份神聖的工作？因為保險是帶給全家人可以延續走下去、最重要的安全感。可是正因為保險無法立即性看見效果（要理賠才會看見保險商品的效果），所以這和各行各業的銷售相較來說，保險的好處與價值是最沒有立即性的，這也讓許多人在保險銷售上，踢了許多的鐵板。

　　我是徐承庚，曾經撰寫研究所碩士論文即登上國際期刊 SCI 的殊榮，當時的我和我的父母，都盼望著藉由登上國際期刊的碩士論文，可以讓我在求職上加分，找到一份對等的高薪水工作，可是我卻選擇踏上了保險業務的工作！

　　我還記得，當時父母對我非常不諒解，也曾經從阿姨口中聽到，我父親抱持著看好戲的心態，等我賺不到錢就會去找「正當」的工作了。

　　當時我只想急於證明自己，想要走捷徑，趕快達到年薪百萬，想要給家人更好的生活，結果前兩年，卻換來了月薪連 22K 都不到的吃土生活，於是我更著急了，難道我這輩子注定要被看不起了嗎？值得慶幸的是，我還擁有當初管理研究所的知識，我卻兩年都沒有學以致用！

　　我試著冷靜下來，把過去在學校所學的行銷管理，重新區隔、選擇、定位我的市場，接著鑽研當時所學的行銷 4P，成功的幫助我在第三年取得了第一筆的年薪百萬元。

　　在許多同事眼中的解讀是「撐久了就是你的」，然而他們卻無法體會，年薪百萬背後的關鍵是「**知識**」！

　　我發現，想要讓業績更容易達成，心理學占了很重要的成分，於是我開始投資自己的腦袋，在 NLP、Satir、Erickson

等心理學大師的知識上，前前後後花了至少 200 萬元以上的學費。

既然學了就一定要去實踐，並且運用在市場上，於是我曾經成功簽到了一張產險保費，相當於整間通訊處一整年的保費，也成功簽過一張保單即達成 MDRT（Million Dollar Round Table，百萬圓桌，全球壽險理財專業人士的最高組織）的門檻。

這也是為什麼如今我在從事銷售的講師工作時，我仍堅持傳遞著「知識」，幫助更多的學生業績突破百萬、千萬年薪，甚至有幸撰寫這本不是銷售經驗的銷售書籍，而是透過 NLP 的知識，來幫助讀者進行業績的蛻變。

NLP 是一門心理學，本書可以協助你透過 NLP，懂得客戶的心理、講對客戶想聽的話、引導客戶想要做的規劃，而你也可以因此而成為 Top Sales。

現在，我是「沐洋心理學院」創辦人之一，也是一名國

際認證的 NLP 訓練師，每年都會固定開辦「NLP 專業執行師證照班」與「NLP 高階執行師證照班」。此外，也固定開辦「NLP 銷售技巧」的系列課程，歡迎加入我的 Line ID：roger820510，與我聯繫。

目次

第一章 NLP 在保險銷售的發展性

第二章 帶你釐清話術沒有效的真相

第三章 NLP 改變客戶的關鍵核心

第四章 解讀客戶的表象系統

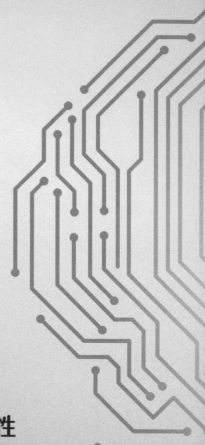

第一章

NLP 在保險銷售的發展性

當保險遇上 NLP

還記得我在研究所時期，個性非常內向，非常不善於表達，儘管我在學術研究的專業能力，是被許多教授肯定的，甚至連指導教授都極力建議我繼續深造，攻讀博士班。原因很簡單，因為我當時非常不善於社交，指導教授擔心我出社會後會被欺負、被排擠。

正在看這本書的你，如果曾經上過我的課，相信你一定很難以置信，當時的我就是這樣孤僻、內向、不善於表達的個性。

逃避並不是辦法，我很想證明自己出社會可以好好的活下去，於是我選擇了挑戰性高的保險業務工作，開始了我的社會歷練。結果竟然在工作的第一年，寫下年薪僅 12 萬元慘不忍睹的爛業績。

　　我心想不行，我怎麼可以這麼丟臉。於是我更努力的去進行陌生開發。接著隔年進步了，我的年薪成長了一倍——24 萬元，但仍然比當時的勞工基本薪資 22K 還要少！我的父親可以說是氣炸了，而我也失望的開始問自己：「難道我真的不適合業務工作嗎？」

　　還記得當時的我非常認真，每天站在街頭、賣場做陌生開發，平均一天可以站上六個小時以上，沿路逢人就問，口中

朗朗上口說出來的，是內部教育訓練的話術，因為我就如研究所指導教授所說的，不擅於表達、溝通，所以話術成為我唯一可以朗朗上口的方法。可是我的業績卻反應不出來內部教育訓練的成效，真的讓我感到非常沮喪。

　　當時有一些前輩告訴我不要想太多，保險事業只要撐久了就是你的，於是我也試著做好一切前輩們口中所謂的「服務」，只可惜業績仍然不見起色，我真的不禁開始懷疑，到底

是我這個人有問題，還是話術有問題？

　　而上述提到有一些前輩常提醒我「不要想太多」，你是否也常聽到呢？而且是不是也有當人家叫你不要想太多，你就想更多的感覺呢？這是因為大腦無法理解否定句，如果你還是有點一知半解，我用以下的方式引導，你就可以更清楚了。

「我要你**不要去想**有一隻六隻腳的貓出現在你家。」

「接著**不要去想像**這隻六腳貓的身形,是沒有毛的藍色皮膚。」

「然後你**不要去想**這隻六腳貓發出恐龍般的聲音。」

「你**不要想**這隻六腳貓的爪子,打翻了你家的廚餘。」

「拜託你**不要想**這廚餘的臭味飄散在整間屋子的各個角落,一種臭酸作嘔的味道。」

以上的描述內容,你會發現即便我前面都丟出了「不要想」,可是你的大腦還是會去接收後面的指令,彷彿就看到了那些畫面、聲音及味道。你就可以從中理解,如果心理學學得好,其實在言談之中,你可以很輕鬆的「控制」客戶的大腦。

當我發現心理學的奧妙之處後,我也開始接觸了「NLP

（Neuro-Linguistic Programming）」，中文翻譯為「神經語言程式學」。我開始從心理學的角度，慢慢能理解客戶為什麼會拒絕，也開始慢慢能理解，客戶拒絕的並不是商品，而是我們的銷售話術，早已帶給客戶過去被銷售的經驗根深蒂固了（NLP 神經語言的一般化）。

於是我開始練習掌握 NLP 的神經語言，著手改變自己和團隊的銷售策略，也改變了客戶被銷售的大腦策略，接著業績也開始翻轉，不但銷售更輕鬆了，組織也有所突破了。

當我開始鑽研 NLP 越深，越發現銷售更是簡單，也更能理解為什麼有一些 Top Sales 沒有什麼專業，業績卻驚為天人背後的真相（後續將會用 NLP 拆解這些 Top Sales 的技巧）。

我後來在擔任講師時，也幫助了許多保險業務大量提升了成績與收入。所以，當你越懂得人性，你的銷售就越能在任何客戶族群上，快速扭轉他對保險業務的既定印象，進而有效引導顛覆他對保險業務的認知，接著輕鬆、優雅的成交。

NLP 不僅幫助我在保險業務時期業績上的大突破，曾經簽過單張保單即達成 MDRT 的成就，也讓我現在擔任講師授課或諮詢上，改變了許多學生的業績收入，甚至有學生藉著 NLP 達成了 TOT（Top of the Table，頂尖百萬圓桌會員）最高的業績殿堂。

現在的你，不管是已經業績長紅，或是業績平庸、業績慘淡等狀況，都必須要注意，「網路投保」將會為保險業務帶來嚴重的殺傷性，它將會重創那些不懂銷售技巧的業務，或是只會做商品行銷的業務。因為客戶在這樣的業務身上找不到他們的需求時，又看見了網路投保的便利性，這將扼殺許多空有認真、卻無銷售能力的保險業務。

有許多業務自知銷售技巧不足的缺點，或是一些優秀的業務已認知到客戶的理財需求越來越迫切，所以開始考取各項金融證照，如：RFC、CFA、CFP 等財務顧問證照。

後來有很多擁有這些證照的學生來找我諮詢，想要找我

解惑，為什麼證照考了一堆，客戶卻還是把他們當做以前的保險業務來看待？我知道你們很認真的在提升自己的專業，同時有留意到提升溝通上的專業，畢竟這是很重要的關鍵之一。

這也是為什麼我想要為保險界寫下這本書，盡一點微薄貢獻，幫助更多的業務提升自己的銷售技巧，也提升客戶對業務的依賴性，最後提升保險業務在臺灣的社會地位，因為你們值得被看見、被尊重。

現在我是一名國際認證的 NLP 訓練師，透過操練多年 NLP 的授課、銷售及諮詢等經驗，如今帶給我擁有開課核發 NLP 專業執行師、高階執行師證照的鑑定能力，並且擁有一個略有小成的講師事業，以及很美滿的婚姻及很幸福的親子關係。未來也期許自己能在兩性、親子溝通上，透過 NLP 著墨於關係溝通上，出版更多的作品。

你已經準備好透過學習 NLP 改變你的保險銷售技巧和提升業績了嗎？我們現在就開始吧！

什麼是 NLP

　　NLP 的起源來自於 1970 年，由美國的理查・班德勒（Richard Bandler）及約翰・葛瑞德（John Grinder）所創立的，起初是因為他們認為傳統心理學派的治療過程過於冗長，效果也不見得立竿見影，所以他們在美國加州大學裡，耗時了三年多的實驗與研究，發展出 NLP 的架構。

　　他們當時研究並集合了四位當代心理學派大師的精華，包含了「家族治療」的維吉尼亞・薩提爾（Virginia Satir）、「完形治療」的弗列茲・皮爾氏（Fritz Perls）、「人類學及語言學」的大師葛雷戈里・貝特森（Gregory Bateson）、「催眠」巨擘米爾頓・艾瑞克森（Milton Erickson）。他們透過學習及模仿，發展出臨床心理治療、生活、健康、教育、感情、工作、商業等各種領域的廣泛運用，堪稱是現代極為實用的心理學。

NLP（Neuro Linguistic Programming），其中的「Neuro Linguistic」的意思是「神經語言」，是指人類感官的視覺（Visual）、聽覺（Auditory）、觸覺（Kinesthetic），觸覺又包含了嗅覺（Olfactory）及味覺（Gustatory），以語言及非語言的方式來呈現。

而 Programming 的意思是「程式化」，人類的大腦神經語言會隨著時間，透過任何事件不斷經驗、編寫、彙整、集合成一個人程式化的價值觀及信念等。

NLP 包含了傳統的神經學、生理學、心理學及語言學與人腦控制學，大腦就如同電腦程式般，既可以編寫亦可以改寫，可以讀取亦可以刪除。

若能從中理解客戶的大腦神經語言，便能在客戶無察覺的情況下，竄改客戶對你及對商品的既定印象，同時接受被銷售及成交的暗示。

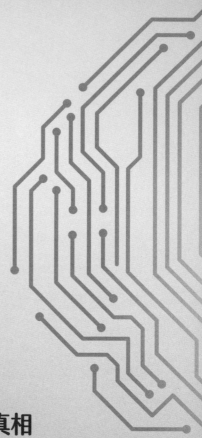

第二章

帶你釐清話術沒有效的真相

客戶早就知道你的動機了

「鈴鈴鈴……」當你接到了一通陌生的電話號碼時，相信當下在心中已經跑出一種先入為主的感覺：「該不會又是推銷電話了吧？」果不其然，你聽見電話那頭的聲音，是某銀行的客服人員……

「徐先生，您好。這裡是 XX 銀行，因為您是我們銀行的優質 VIP，我們最近有一個專門針對優質 VIP 的信貸專案，可提供你在……」

「對不起，我在開會！」你一聽到這些開場白，馬上打斷對方，很自動化的回了這句話給這位客服。

「好的，徐先生打擾了，那我可以先 email 一份資料給您，稍晚再跟您連絡。」這位客服也很自動的回覆你。

「不好意思，我在開會，而且我不需要。」

結果此時傳出便利商店自動門開門的叮咚聲，你有點尷尬且匆匆忙忙的掛掉電話，結束了這通被推銷的電話。然後趕緊打開手機裡過濾陌生電話的 app，封鎖這支電話號碼。

你過去是不是接過類似這樣的電話超過 50 通甚至 100 通以上了？於是你已經不再像過去第一次接到這樣的電話，耐心聽完他們到底要説什麼。

這通電話的過程裡，你的大腦並沒有在思考，你可以自動化的作出反應，不假思索的找了一些理由，拒絕這樣推銷的電話，因為你早就知道這通電話的來意了。

為什麼你會知道呢？那是因為來自於大腦想要偷懶所致。

練習

1. 回想一個你過去常用的話術並寫下來。

2. 現在想像如果你是客戶，一直遇到這樣的話術時，過程中你會有什麼樣的感受？你會想要做出什麼樣的回應？

3. 再抽離角色，回到業務的你，去理解客戶對於話術的感覺是什麼？

後設程式（Meta Program）

　　仔細認真回想一下，上述的那段對話過程中，你應該有發現到，當你接起這支陌生電話時，可以瞬間判斷來意，並且自動化的找理由拒絕。這樣的行為，其實是你的大腦幫你用簡化的方式，透過「**刪減**」、「**扭曲**」與「**一般化**」三種過濾方法，來建構你大腦的內在地圖，以避免大腦負荷過多的聚焦、思考等。

　　後設程式是 NLP 最早研發出來的模式，源自於薩提爾的家族治療，以及皮爾氏的完形治療。你可能有聽過，如果你讓學齡前的孩子玩過頭，他就會過 High，彷彿像是喝醉酒的樣子，發酒瘋而無法入睡。

　　因為學齡前的小孩大腦還在發育，正在學習思考的過程，大腦正在經歷任何一切的人事物過程，大腦並同時在學習，進

行過濾、歸納與整合，慢慢的，大腦就會學習避免資訊超載，懂得利用「刪減」、「扭曲」、「一般化」許多不必要的訊息，讓大腦得以有空間去吸收新的知識或經歷。

有一句諺語：「三歲定八十，七歲定終身。」就是在描述學齡前的孩子在大腦發育尚未健全時，如何培養孩子的性格、思考模式及品行，都會影響到他們未來的智商、智慧、人格甚至是事業的成就等，其關鍵就在於他們正在透過「刪減、扭曲、一般化」發展出他們的未來，也發展出他們的判斷標準。

而保險業務很常聽到的反對問題是：「我不需要買保險。」其實這就是客戶端聽過太多的保險業務用類似的話術向他推銷，而這樣的經驗產生一般化，導致他們自動化拒絕反應。如果你還在思考對策，想出更多的反對問題應對話術，客戶也可以在預期內產出更多反對問題來考驗你。

最可怕的是，你若還在鑽研話術的樣板研發，客戶就會越抗拒，因為你根本就不懂，客戶到底在想什麼。

所以如果保險業務搬出以下類似你們常見的話術來應對：

「你可以保證這輩子不會用到健保卡嗎？如果會的話，那你一定會用到保險！因為這筆醫療開銷，有一天一定會連累你和你的家人。你先讓我講完這份建議書，如果你覺得這不錯，你再跟我買。」

「健康的人當然不需要保險，只有生病的人才需要保險。然而人的一生就是注定會經歷『生、老、病、死、殘』，既然『病』是人生的必經過程，醫療要花費的錢就會是必要的支出。你要用你或家人的荷包去支付那筆錢，還是要用保險去支付那筆錢？」

「可是你應該有看過你身邊的家人或是認識的名人，

因為久病床前無孝子的傳聞吧？像是演藝圈有一個
藝人 XXX……（熟練的拿出印好的新聞佐證）如果
這樣的遺憾發生在我們身上，這不是很可怕嗎？我
再給你看這幾個新聞剪報……」

這些話術是不是都似曾相識呢？如果你曾經說過這些話術，
那也代表在客戶端已經聽過太多了。即便你說的是事實，客戶就
是可以應變出更多的反對話題來考倒你，比孫悟空的七十二變還
要更多。

當客戶的反對問題越來越多時，公司的處理話術也會越來越
厚。所以話術只是對少部分的人有用，因為每個人的內在地圖都
不一樣。

如果客戶成功把你考倒，你最後也喪氣的放棄銷售他了，主
管只能安慰你，下一個會更好，只要量大人就瀟灑；如果客戶沒
有把你考倒，即便你說的再怎麼有道理，他就是不跟你簽保單，

所以話術、講道理都是沒有用的。

　　當你理解了客戶大腦的後設程式原理後，你終於知道背話術為什麼沒有用了，也不需再用講道理的方式來跟客戶爭論。要記得，在薩提爾的「冰山理論」中，**跟客戶在觀點上爭論是沒有用的。**

　　你應該先學會站在後設的角度，去好奇、還原、傾聽客戶沒有說出的細節及內在地圖，他到底「刪除」了什麼訊息？是什麼事件「扭曲」了他們的認知？他們把什麼過去的經驗「一般化」了？

　　你將會發現，不一樣的客戶雖然有同樣的反對問題，但是每一個客戶卻都有不一樣的**內在地圖**，這樣一來，你的成交率就可以大大提升了。這就是在後設程式的「向下歸類」，稱為「**後設模式**」（Meta-model）。

　　我們可以透過後設模式來具體化客戶回應背後的細節，也能幫助客戶知覺擴展，進而改變客戶的認知及信念。

什麼是「後設模式」呢？

就是透過 Who（誰）、What（是什麼、做什麼）、When（何時）、Where（何地）、How（怎麼做）來進行提問，藉此具體化、明確化對方內容的本意或真相。

後設模式並不包含 Why（為什麼），因為那會讓人感到被斥責、想要找藉口的感受。後設模式的目的，在於引導對方還原他那句話的細節及過程，而不是引導對方找藉口或理由。

○ 刪減

舉剛剛的例子來說，「我不需要保險。」這就是常見的「刪減」。

客戶刪減了他為什麼不需要保險的理由？他曾經遇見了、聽見了什麼事件，讓他認為自己不需要保險？或是有其他的認知產生不需要保險的回應？而這些就是他的內在地圖。

如果這時候可以透過你後設模式的問話，去還原他不需要買保險的背後，發生了什麼事？聽過誰的分享？

> 「我很好奇……你之前有看過還是經歷過什麼事件，
> 　讓你覺得不需要保險？」
>
> 「你之前有聽過誰的分享，讓你覺得不需要保險？」
>
> 「不需要保險，具體來說是什麼呢？」
>
> 「什麼時候是不需要保險？什麼時候是需要保險呢？」

　　接著你就可以從後設模式的恢復刪減，聽出客戶不需要買保險背後的真相了。而這時候，**傾聽**就很重要了，曾經聽過，越是厲害的業務越善於傾聽，而傾聽就是從恢復「刪減」開始來的，客戶越是能感受到他的內在地圖被你重視，成交率

自然可以顯著提升。

○ **扭曲**

「**扭曲**」在於客戶背後有一些過去的經驗，所產生的價值觀或信念。

你過去有沒有遇過，有些客戶的回應讓你很不舒服，例如：「上一個業務有給我退佣，你可以退我多少？」這就是客戶過去因為有業務退佣給他的經驗，讓他對保險業務的認知，就會有「可以要求退佣」的好處。

如果你為了業績而退佣給客戶，你就是在加重「扭曲」客戶的價值觀，讓保險市場上畸形的退佣現象更為嚴重，同時也擠壓了業務應有的報酬。

而這時候，如果你拿出過去背好的話術來講道理，例如：

「保險公司規定，退佣是違法的。」

「你知道嗎？保單簽約後，我的服務是一輩子的，這佣金就是我服務的對價關係。」

「你知道有些業務退佣退到沒錢，最後離職了，你未來需要服務時，就會找不到業務。」

　　如果用類似這樣的話術，來勸客戶打消退佣的念頭，客戶可能就以更得寸進尺的話來回應你，例如：

「哎唷！你不說、我不說，誰會知道你退佣給我呢？你不是需要業績嗎？」

「我不需要你的服務，我自己看得懂條款啦！」

「你放心啦！你們公司業務員那麼多，需要服務時，

我要找還是找得到吧！」

「如果你不退給我，自然有別的業務願意退！」

………………………………………………………………………………

如果和客戶繼續爭論下去，是不會有什麼好結果的，這些又是標準的「在觀點上爭論」，與其要贏回客戶尊重，不如去把客戶的「扭曲」恢復過來，理解他退佣的原意。

所以你可以試著再次藉由後設模式，去恢復他「扭曲」的內在地圖，恢復他價值觀的來源，例如：

「你想得到像是『退佣』此類的好處嗎？」

「我想聽聽你想要『退佣』的好處是什麼？」

「你怎麼知道『退佣』是對你最好的？」

等恢復他「扭曲」的內在地圖，你就可以聽出他要退佣背後真正想要的是什麼，也許你得到的答案，會比你退佣更意外的好處理喔！因為每一個客戶想要退佣的背後，答案都是不一樣的。

○ 一般化

　　你一定有聽過客戶用很概括性的論述來攻擊保險，例如：

「保險都是騙人的！」

「你們打電話來，都是要賣我保單啦！」

　　這些其實是大腦的一種歸類方法，因為大腦過去經驗的事件所歸類而成他的認知，像是「保險都是騙人的」。

由於過去臺灣的保險市場還沒透過證照登錄的方式，有許多沒有專業知識的保險業務，經常會利用人情來銷售保單，也就是俗稱的「人情保」。

等到發生需要理賠的狀況時，才發現這個也不賠、那個也不賠，導致許多人對保險產生了不信任的「一般化」。

而在美國的保險市場，保險業務的社會地位之所以崇高，是因為他們都有專業的證照，去證明他們的專業能力。另一方面，由於美國的健保制度相對沒有臺灣的健保制度來得優渥，這也使得商業保險有一定的需求性。

同時你必須記得，就算你把我剛剛講的當成話術，講出這些道理給客戶聽時，客戶還是不見得採信於你，這時候你只需要再次利用「後設模式」，去幫助客戶還原事實，例如：

「什麼樣的情況是保險不會騙人的？」

「每一次打來都是嗎？」

　　當你學會將客戶的內在地圖擴張了，才能找到切入的破口，客戶也會在自己的內在地圖裡，重新看見自己的盲點，而不是用過去講道理的方式，用背好的話術繼續跟客戶碰撞。因為你碰撞的越多，客戶反而會對保險業務越反感，甚至還會產生反效果，再次強化客戶討厭保險業務的「一般化」！

　　最後要提醒的是，千萬別將後設模式大量頻繁使用在人際關係或銷售上，因為當你大量使用後設模式時，只會嚴重破壞「**親和感**」。客戶可能會反過來嫌你問這麼多要幹嘛？所以要適時使用，並作出大量的呼應，建立親和感，這樣的後設訊息才有助於你的銷售喔！

練習

1. 利用後設模式去還原主管「刪減」、「扭曲」、「一般化」的開會細節。

2. 利用後設模式去還原客戶「刪減」、「扭曲」、「一般化」的反對問題。

3. 利用後設模式去還原被增員者「刪減」、「扭曲」、「一般化」的反對問題。

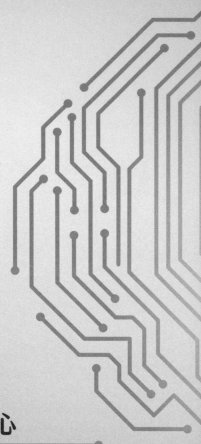

第三章

NLP 改變客戶的關鍵核心

銷售是一個完整的系統，它並不是獨立、支離破碎的。也許你曾經看過一些沒什麼專業能力的保險業務，好像信手拈來就有一堆業績。請他們分享成交過程時，他們通常會說一些好像很輕鬆就能成交的話：

「客戶剛好打來說要買保險。」

「沒什麼反對問題，很順利就簽了。」

「就跟他搏感情啊、聊天啊！他聊得開心，自然就會
　成交啊！」

「我跟你說，三節伴手禮不能少，有需要的時候要業
　績就要得到了。」

　　你是不是曾經也有過這樣的疑惑？你明明也有跟客戶搏

感情，三節伴手禮也都很周到，可是業績就是無法像他們一樣很好啊！

其實這些看似沒有學習用處的話，裡頭卻暗藏著許多連他們自己都不知道的成交祕密，並不是他們不會教或不想教，而是他們不懂得如何詮釋自己為何成交的細節。

接下來這個章節，會教你如何透過 NLP 的四大核心，教你如何在保險銷售上，走在成交的系統。

首先來認識一下 NLP 的四大核心「R.O.S.B.」，即是「建立關係（Rapport）」、「設定目標（Outcome）」、「整體平衡（Sensory Acuity）」及「彈性技巧（Behavioral Flexibility）」。其實就連很多 NLP 專業執行師，即使學會了NLP 許多引導技巧，卻常常忽略了這四大核心「一個都不能少」的重要性，導致他們的個案效果僅能維持短暫的時間，卻無法長期有效，只要一遇到問題就打回原形。由此可見，NLP這四大核心有多麼重要！

建立關係（Rapport）

要創作一個失敗的銷售，最簡單的方式就是你說你的商品優點在哪裡、風險的威脅在哪裡，而客戶認為的觀點卻跟你說的內容完全不一樣。

由於雙方互持己見，任何一方都不肯讓步，最後導致不歡而散收場，然後你覺得自己遇到奧客，對方不懂保險還裝懂，以後遇到風險沒保險罩你活該。

接著你再開始自我安慰，認為下一個客戶會更好，只要帶訪量越多，自然就可以遇到好客戶了，這就是完全沒有做到「**建立關係**」。

也有一些業務曾經聽過銷售漏斗，「量大人瀟灑」的觀念，卻沒有發現自己的銷售需要精進。接著在市場上不斷碰壁的同時，你知道客戶也對保險業務的銷售技巧逐漸產生厭惡的

印象嗎？

　　可是，難道一定要靠節慶送禮或搏感情，才能建立關係嗎？我還記得我在做業務的時候，每次只要出國員工旅遊，大家行李箱塞的，可能有超過一半都是要送給客戶的伴手禮，買給自己的不到一半。這對已經沒業績的業務而言，為了要建立關係就得先花錢，無疑是造成更大的壓力。

一定要這樣，客戶才會喜歡你嗎？

買完客戶的禮物
都沒錢了

其實根本就不需要靠花大錢才能建立關係，其建立關係的成功關鍵，來自於你有沒有在跟客戶建立關係的「**連結**」；如果沒有，儘管你花再多的錢，客戶都會被你寵壞，然後漸漸把你當成凱子，占你越來越多的便宜。

到後來，即使你年薪破百萬，你可能還是存不到太多錢，反而因為業績，要繳稅繳得更多，這樣其實已經本末倒置了。你可以透過 NLP 的技巧，讓你一年省掉十幾萬以上的送禮開

銷，也可以真的因為保險事業，成就你渴望的生活品質。

而這連結就是「**建立關係**」，NLP 的四大核心之一。因為你的大腦內在地圖跟客戶的內在地圖一直都不一樣，當你願意先去理解客戶的內在地圖時，你就是正在跟客戶產生連結，同時也正在建立關係的連結。

該怎麼做呢？只要**透過口語或非口語跟客戶達成同步**，就能有效與客戶建立親和感的關係。以下我們來以「口語同步」舉例說明：

業務：「A 客戶，這次年假有去哪裡玩嗎？」

A 客戶：「我們全家有去看櫻花呀！」

業務：「你們全家有去看櫻花呀？」

A 客戶：「對呀！」

業務：「全家都去看櫻花，你們好像很嚮往去欣賞美
　　　景的感覺。」

A客戶：「對呀！新冠肺炎疫情已經一整年都無法出
　　　　國了，只能待在臺灣看看櫻花，滿足一下
　　　　偽出國的概念。」

業務：「滿足偽出國的概念呀！」

A客戶：「是啊！不然整個年假都待在家裡，真的會
　　　　被悶壞的！」

業務：「不出門真的會悶壞耶！」

A客戶：「你也跟我一樣，待在家會待不住啊？」

　　這是口語上與客戶達成同步。其方法很簡單，只要重複
客戶說過的話，或是幫客戶的一段話做歸納、做總結，客戶的

潛意識就會被呼應到了。只要當你呼應得越多，客戶感受就會越有被理解、被尊重、被重視或被認同的感覺，建立關係的連結就會越來越緊密。

當客戶想說的話越來越多時，就意味著客戶對業務的抗拒表意識已經漸漸弱化了，因為他已經想與你分享他更多大腦內在的想法、感官等內在地圖了。

至於非口語的同步，則是指肢體動作、臉部表情、音調，或任何非口語的同步。簡單來說，如果客戶在聊他家裡一件難過的事情時，你若是呈現一種嘻嘻哈哈的表情，則會讓客戶感受到不被尊重、不被理解或不被認同，連結就會因此斷掉，同時你們也就無法建立良好的關係。

　　反之，如果你呈現出感同身受的表情，客戶在敘述的同時你的眼神交會，傾聽時不停根據客戶說話的節奏點頭，客戶也會因此感受到被同理，他就會釋放出更多感性的情緒（客戶越感性，越容易成交），你就能建立起與客戶良好的關係。

　　需要注意的是，建立關係並不是只有見面的一開始才需要，而是從頭到尾、任何時候都需要不斷建立關係，因為在關係的連結上，客戶抽離的理智性就會大大減低，往往也會因為這層關係，不好意思跟你要求退佣喔！

　　另外，坊間有很多書籍或是講師，經常會提到美國心理學家艾伯特・麥拉賓（Albert Mehrabian）在 1971 年研究發表

的「麥拉賓法則」，其意義是說話者影響聽眾的要素，Visual
（視覺訊息：外表、表情、儀態、眼神）占 55%，Vocal（聽
覺訊息：音量、音調、語速、音質）占 38%，Verbal（語言訊
息：內容、辭意）則占 7%。

　　不過這項研究後來被麥拉賓自己給推翻了，因為他發現
他的研究方法過程架設前提不夠周延，數據缺乏可信度，同時
他重新詮釋真正有效的溝通，大多數還是來自於「非口語」訊
息，才是最有效的溝通方式。

設定目標（Outcome）

　　創造一個業務與客戶共同的「設定目標」是非常重要的，這也跟 NLP 著重的目標導向完全契合。有些業務只想著賺客戶的錢，卻無法有效協助客戶完成理財或保障的規劃，客戶也因此對業務的觀感大打折扣。

　　相反的，業務費盡心思講解商品，客戶卻沒有明確的設定目標時，並不知道自己要的是什麼，這也是無法順利成交的主因之一。就算成交了，腦波很弱的客戶，只要有別的業務、家人、朋友等煽動，他就會打電話來棄撤保單了。

　　就算你費盡九牛二虎之力，挽回了這張保單，未來也很有可能會因為沒有明確的目標，導致他付不出保費等遺憾發生，到時候又反過來怪保險業務都在騙人，這也是我們保險業務最冤枉的地方。為了避免日後落人口舌，協助客戶共同設定

目標是非常重要的。

　　如何與客戶共同建立明確的目標，首先一定要是「**明確的目標**」，諸如「我要財富自由。」、「我要一個簡單的保障。」這樣的目標是不夠明確的，且是「刪除、扭曲、一般化」了大腦訊息，這對於他未來能否持續繳保費，是打一個問號的。所以你必須透過上一個章節所學的「後設程式」，幫助客戶還原明確的目標，如：

「多少錢才算財富自由？」

「被動收入需要多少，才算財富自由？」

「你希望在幾歲的時候，完成多少的被動收入，以達成財富自由？」

「你覺得手術的費用需要多少錢轉嫁給保險？」

「你希望長照費用中，一個月多少錢是由保險幫你和
　你的家人支出的？」

「什麼時候最容易需要保險理賠？」

如果可以透過「**後設模式**」，與客戶共同找出明確的目
標，你協助客戶的保險規劃才會有認同感，未來會大大減低繳
不出保費的麻煩。

也建議讓客戶描述目標時，多用肯定句來呈現，因為否
定句像是「退休時，希望被動收入『不要低於五萬』」，大腦
接收到的指令反而是低於五萬，這會對完成目標反而是反效
果喔！

這裡需要提醒的是，在協助客戶制定明確的目標時，再
次提醒，切記不要問「為什麼」，因為後設模式有許多還原細
節的問法，並非去找出原因。因為「為什麼」一詞在大眾的認

知裡，會有一種被責怪、被審問、不被認同的感受，甚至會啟動防衛機制，開始找藉口來敷衍你。

就好像保險業務主管在開會盤點夥伴的活動量時，若是常問「為什麼」，則會讓夥伴更排斥開會，甚至開始找藉口來迴避你的盤點，相信你一定有過類似的經驗，因此千萬別把這樣的經驗帶到客戶面前，否則好不容易建立的關係，就會被「為什麼」給破壞了。

整體平衡（Sensory Acuity）

　　你是不是曾經有過類似的經驗，客戶當下跟你相談甚歡，對你提供的保險規劃也很滿意，於是很開心的簽下了要保書。然而過了一、兩年之後，忽然打了一通電話過來，想詢問你：

　　「如果現在繳不出保費的話怎麼辦？」

　　而這時候你可能回應他：

....

　　「保險中途解約是不划算的。」

　　「減額繳清保價金會有損失。」

　　「你可以利用保單借款、停效等方式，等你之後有錢
　　　了再繳。」

....

甚至有些保險繳不出來損失更嚴重等，這些都會讓客戶歸類認為是你當初沒有說清楚，反咬一口認為是你在欺騙，甚至覺得保險規劃一點都不好，然後間接反應在網路、輿論上，讓大家對保險商品及業務都有不好的觀感。

然後你可能會檢討自己，怎麼沒辦法保全好客戶的保單，或是怪這個客戶的保險觀念不好等，然而這些都無濟於事。如果我們可以覺察到這件事的回饋，找出下一個客戶如何避免再次發生的方法，這才是你想要改變的地方。

以上的狀況，並不只是業務單方面的問題，而是在整個銷售的過程中都可能有問題。另外，還有一個很重要的關鍵，就是在於衡量評估這個目標的「**可控制性**」。假設以一個月薪 5 萬元的客戶對你說：

「我想要在退休的時候，每年被動收入達到 100 萬元！」

試算一下，若以平均年報酬率 4% 作為準則來計算的話，那麼本金需要累積 2500 萬元，才有可能達成每年 100 萬元的

被動收入。換言之，對於一個月薪 5 萬元的客戶而言，即便他工作三十年都不吃不喝，也才累積 1800 萬元，因此這樣的目標也未免太不切實際了！

除非他有其他的收入來源，協助他順利累積至 2500 萬元，例如：父母親的遺產、高獲利的投資管道、中威力彩頭獎等，不然這樣的目標對於這樣的客戶整體是無法平衡的，意味著無法達成「可控制性」的。

我們不妨務實一點幫客戶計算，假設客戶每天省吃儉用，每個月可以存下月薪的一半，如此一來，工作三十年便能累積到 900 萬元，若是將目標設定為 1000 萬元，這樣的目標就會合理許多。以同樣的投資報酬率 4%計算，每年仍可有 40 萬元的被動收入。所以共同設定的目標，一定要符合「**明確的目標及可控制性**」。

彈性技巧（Behavioral Flexibility）

話術之所以會讓保險業務奉為成為超級業務的聖經，甚至許多通訊處定期都會舉辦話術比賽或話術通關，來強化業務的銷售能力。然後在教育訓練上，用他們所認知的銷售漏斗，透過「量大人瀟灑」的方式，用一套背好的話術，去對付每個不一樣個體的客戶。

相信你一定也有一樣的感覺，怎麼到了市場上，話術就不奏效了？甚至奇怪的是，客戶丟出來的反對問題，跟你在練習通關的回應大不相同。為什麼客戶的回應，跟通關關主的回應不一樣呢？

根據許多業務的統計回饋，發現反覆使用同樣的機械化話術、機械化回應，平均每開發 50 個客戶，僅能成交 1 個客戶，也許這就是業務最滿意的成交率了！

而累積越多經驗的業務，就會將這樣的比例縮小，所以初期大家都需要「量大人瀟灑」，然而這麼做的同時，卻也是在無形中慢慢傷害保險業務的專業形象。

　　相反的，有越來越多的客戶因為僵化的話術稿，他們無法投入在銷售的情境裡，而拒絕了保險業務的銷售，同時他們也失去了認識保險的權利，這樣對他們也很不公平啊！

　　在銷售的過程中，任何你所學的專業知識及銷售技巧都必須因人而異，因為每一個客戶的內在地圖都不一樣，這也是NLP 最彈性的地方。

　　有些人即便在用話術銷售，為何成交率很高？其關鍵並非在於話術上的成功，而是他可能善用他良好的外表形象，或是帶有豐富感情的言語或語調，或是給人一種同理、舒服的感受等。而他們可能是無意識或是有經驗的使用出來，卻讓許多業務誤以為客戶是話術的關係而成交的。

　　難道一定要靠「撐久就是你的」、「量大人瀟灑」來累

積你的成交量嗎？其實 NLP 可以協助你，就算你只是剛入門保險業的菜鳥，也能讀懂每一個客戶內在不同的地圖，然後用最適合的專業規劃、最適合的 NLP 技巧，優雅、舒服的與客戶完成最好的保險規劃。

組織運作等於銷售

當我們學會了 NLP 的四大核心（R.O.S.B.）之後，如果你的腦筋動得很快，你一定也會想到，可以將這些方式套用在增員和組織運作上。有許多業務主管在客戶面前是低姿態的展現，回到公司團隊上就變成了高姿態的展現；有些主管在業績上能夠有很亮眼的成績，在組織發展上卻不見進展，其關鍵就在於沒能有效的建立關係。

還記得我在擔任業務主管時，是一個人見人怕的鐵血主管，我很重視團隊紀律，夥伴只要稍有放縱，我就會用很嚴肅的表情叫他們過來質問。

曾經只是用嚴肅的表情質問一位非常年輕的夥伴，她斗大的淚珠就這樣滑了下來。當時的我什麼也沒做，只是問了一句：「為什麼外幣證照沒考過？」她就在辦公室落淚了，當時

還有許多同事都說，我不要對小女生這麼凶。

當時的我還沒接觸 NLP，不懂得建立關係的重要性，現在回想起來，真是對她感到非常抱歉，如果今天我可以建立與夥伴關係上的連結，然後彼此產生信賴，就能夠理解彼此擔心的角度為何，也能從中調整彼此可接受的目標，衡量這樣的目標是否彼此都能接受，以及我們要運用哪些方法，去完成這樣的共同目標。

記住！業務團隊的本質是業務，由於業務是彈性的工作，絕對要用彈性的方式來帶領組織。有些主管認為「慈不帶兵」，可是他們是業務，並不是軍隊裡的阿兵哥啊！軍隊的特性在於服從命令，而服從命令的團隊裡最重要的，就是主管的智慧。如果底下的夥伴沒有了創意的空間，沒有了創新的念頭，有的只是服從上頭的政策，若是主管帶領的方向、策略或方法出了問題，這樣的軍隊式管理也會因為沒有建立良好的關係，往往就會發生嫌隙或糾紛，到最後兩敗俱傷。

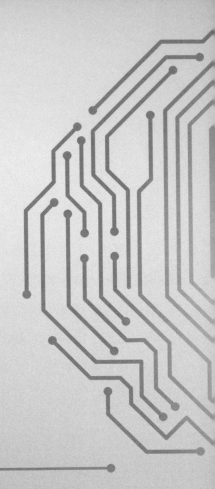

第四章

解讀客戶的表象系統

前面幾個章節的內容，你一定有發現，聽懂客戶語言背後的細節很重要，跟客戶達成共識的規劃目標也很重要，這些都是透過語言來完成的。在討論的過程中，觀察、拆解客戶的語言內容是其一，觀察客戶的「**表象系統**」也是非常重要的。

什麼是表象系統？現在我要你回憶一下，還記得你第一天上班進辦公室的情景嗎？

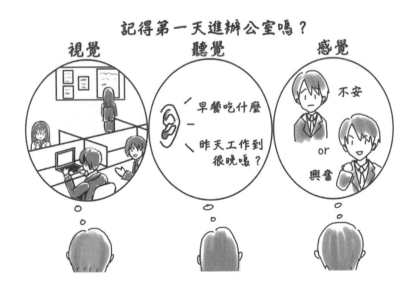

有些人腦海中會跑出辦公室周圍、辦公桌椅的排列，主管的位置在哪裡；有些人是彷彿在耳朵旁聽見，辦公室那些未來要與他們共處的同事的聊天聲音、附近傳來業務皮鞋、高跟鞋走動的聲音；有些人則是浮現出忐忑不安、期待、興奮等不同的感覺……

你會發現，每個人雖然都接收到差不多的訊息（第一天上班），但卻會以視覺、聽覺、感覺（包含了觸覺、嗅覺及味覺）等不一樣的編碼方式，轉換成大腦訊號，來記憶或表現出來。正因為每個人都是獨立的個體，過去的生長環境、教育背景、工作、感情、人脈等資源都不一樣，也就塑造出每個人都不一樣的「**慣用表象系統**」。

我曾經在課堂上，利用某位學生的慣用表象系統做銷售的示範，然後有另外一位學生舉手表示，這樣的銷售對他沒有感覺。我並不會因為他的質疑而懷疑自己的銷售有問題，其原因就在於他們的慣用表象系統是不同的，感受的方式自然也會大不相同。

接著，我又重新利用這位舉手學生的慣用表象系統，重新再銷售一次，這回他就真的有感覺了，反而是原來那位同學表示，他沒有很大的感覺。

這也是為什麼許多學生覺得我在教課上很容易理解、吸收，因為我懂得將所有學生的慣用表象系統，不管視覺、聽覺或感覺全都照顧到了，自然會讓所有學生得以心神領會，學習的效果加倍。

所以如果我們可以學會觀察、解讀客戶慣用的表象系統，我們便更能夠投其所好，掌握客戶最容易接受的表達方式，讓成交一切都變得更容易。

視覺型客戶的特徵

視覺型的人特別容易辨識，如果你遇到了視覺型客戶，那麼要先恭喜你，他們是相對很容易成交的好客戶喔！如果你要增員的對象是視覺型的人，他也是非常具有業務的執行力喔！

視覺型客戶幾個容易觀察到的特徵：

特徵

說話的方式特別快、有行動力、喜歡見面談 case、想像力豐富、手部動作很多、呼吸快且短淺、談話句子較短、喜歡聽重點，不喜歡聽細節、喜歡漂亮的場所和體面……

另外，你可以留意到視覺型客戶的慣用詞彙：

慣用詞彙

看見、發現、觀察、想像、視野、展望、回顧、歷歷在目、見解、預測、觀點、見識、注視、展示、清楚的、有遠見……

聽覺型客戶的特徵

對聲音和語言較為敏感的聽覺型客戶，很重視邏輯和細節，所以千萬別想糊弄他們，他們會一直抓你的語病，甚至糾正你的錯誤。

以下有幾個容易觀察到的特徵：

特徵

重視邏輯性和合理性、習慣邊思考邊溝通、很會講道理、喜歡用電話、呼吸速度適中、句中語助詞較多、喜歡分析資料或數字、會抓語病、善於批判、會留意他人或業務的意見和評論、喜歡安靜的場所……

另外，你可以留意到聽覺型客戶的慣用詞彙：

慣用詞彙

聽、說、聽說、說明、討論、聲音、節奏、發言、雜音、吵鬧、安靜、協調、和諧、閒聊、好聽的、單調……

感覺型客戶的特徵

感覺型的客戶必須要透過肢體去確認事物，必要時要拿出一些道具與他們互動，他們相對會有較多的感覺。

以下有幾個容易觀察到的特徵：

特徵

感性的、説話速度慢、呼吸緩慢、講話語調較低沉、肢體接觸頻繁、習慣思考一下再回答、善於察言觀色、重視體驗……

另外，你可以留意到感覺型客戶的慣用詞彙：

慣用詞彙

感受、舒服、冷漠、憤怒、折磨、輕鬆、快樂、探索、
愉快、焦慮、緊張、安心、味道、壓力、溫度、沉重、
放鬆、適合、溫暖……

運用技巧

　　當你發現不管是客戶、準增員對象或是你的團隊夥伴及主管，每一位的慣用系統都不一樣，你更應該了解到卜一個章節提到的 NLP 四大關鍵核心，其中的「**技巧**」是需要更彈性的應對。舉例來說：

視覺型客戶：「你的儲蓄險要如何展示有哪些重點？」

業務：「是這樣的，小弟在這邊為您報告一下裡面的優點和缺點，這張儲蓄險是屬於六年期的商品，前六年繳費期間中途解約的話，會依據該年度的解約金做計算，這樣解約的話其實是不划算的，然後⋯⋯」

視覺型客戶：「我不知道重點在哪裡？我還是回去自
己看看好了，有需要再跟你說吧！」

業務最後因為客戶聽不下去，而錯失了成交的機會。

如果業務懂得判斷客戶的慣用表象系統，當他發現現在
面對的是視覺型客戶時，他可以這樣表達：

視覺型客戶：「你的儲蓄險要如何展示有哪些重點？」

業務：「我現在為你**展示**你最想要**看見**的重點，第一
個是你一定想**看到**的，我在建議書有幫你畫
了一些重點，你可以**清楚看見**你的被動收入，
每個月可以領 5 萬元。你能**想像**在退休的時
候，每個月去刷你的存摺簿，裡面可以**看到**
我們公司匯錢給你的紀錄嗎？你會不會**回想**

當初，自己對退休規劃是不是很有**遠見**？然

後⋯⋯」

視覺型客戶：「你說的這些就是我要的重點，你有帶

要保書嗎？」

業務因為利用了視覺型客戶的慣用表象系統，描述了完全符合該客戶慣用的詞彙與特性，最後得以順利成交。

我曾經在從事保險業務的時候，聽過有一些業務的銷售心得是，他們不想被客戶說他賣保險都是用欺騙的方式，於是寧願把所有的細節、優缺點、數字、條款等細節，一五一十全部表達出來，然後卻換來客戶不耐煩、聽不下去的反應。

當然有時候會遇到剛好是聽覺型的客戶而順利成交，就誤以為這樣的方式可以打遍天下。其實我們在銷售上，可以透過判斷客戶的慣用表象系統，用更彈性的方式，讓不同類型的

客戶都能夠成交，你的成交率就可以大大提升了！

練習

1. 找任何一個人，你可以決定是否告知對方你要觀察表象系統。

2. 請對方描述一件他所擅長的領域，因為通常擅長的領域，越能夠看出對方的慣用表象系統。

3. 藉由對方的口語及非口語訊號，判讀是哪一種慣用表象系統。

4. 分享心得，並請對方給予回饋。

NLP 眼球線索

　　我們除了可以透過客戶的行為、語言、詞彙等特徵，來觀察客戶的慣用表象系統，在 NLP 還有一個技巧，可以很快判斷出客戶的慣用表象系統，那就是透過「**眼球轉動**」的線索。眼球轉動的線索，可以反應出客戶在思考的內在過程，結合客戶慣用的詞彙和行為特徵，你就能抓到客戶的慣用表象系統，接著用最適合他們的方式，進行最有效率的銷售。

　　我們通常在跟客戶見面時，首先都會不可免俗的簡單寒暄幾句話，這時你可以透過需要思考的開放性問題作提問，例如：「你最喜歡去的國家，有什麼特色是最吸引你的？」透過類似的開放式問句，很快就能讓客戶進入內在的思考過程，你就可以好好觀察客戶的眼球線索。

　　我們就可以用以下的圖做說明：

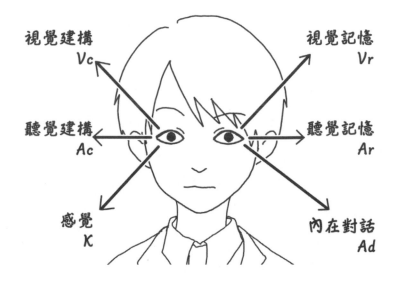

視覺建構　　　　　　　　　　視覺記憶
Vc　　　　　　　　　　　　　Vr

聽覺建構　　　　　　　　　　聽覺記憶
Ac　　　　　　　　　　　　　Ar

感覺　　　　　　　　　　　　內在對話
K　　　　　　　　　　　　　Ad

　　你可以觀察客戶的眼球，如果大部分的時間都是往上移動，很明顯就是視覺型。而左上是屬於視覺記憶區（Vr，Visual Remembered），大腦正在回憶看過的景象；右上則是視覺建構區（Vc，Visual Constructed），大腦正在創造想像的景象。

　　若是客戶大部分的眼球是平行移動，則是屬於聽覺型，平行向左是聽覺記憶區（Ar，Auditory Remembered），大腦正

在回憶聽過的聲音或對話；平行向右則是聽覺建構區（Ac，Auditory Constructed），大腦正在創造想像的聲音或對話。

另外，如果眼球是往左下移動，則是內在對話區（Ad，Auditory Digital），不講話，呈現與內在對話的狀態；如果客戶大部分的時間是往右下移動的話，則是屬於感覺型（K，Kinesthetic），較常運用觸覺、味覺、嗅覺或是感受。

這裡必須要提醒注意的地方是，坊間有些老師或是一些書籍，將眼球移動視為可以辨識有無說謊的根據，例如：

業務：「你目前有規劃醫療保險嗎？」

客戶的眼球往右上移動，然後回應：「有啊！」

如果你以為客戶的眼球往視覺建構區跑，就認為他一定是在說謊，這其實是錯誤的觀念，讓很多學藝不精的學生，造成家庭失和的困擾。因為常有很多人回家問另一半昨晚去哪裡，偏偏有些人的眼球就是會往建構區跑，結果就直指對方

說謊而大吵一架，甚至責怪 NLP 是偽科學，這都是天大的誤會啊！

NLP 既然強調是神經語言的程式學，再細部的解釋就是當人接受到訊息時，傳輸到大腦，而每個人的大腦策略都不一樣，有的人會直接比對自己的視覺記憶，有的人則是透過聽覺的對話記憶去確認，有的人則是透過視覺建構來確認，所以根本就不是他在隱瞞說謊。

你會發現當你提問一些問題，是對方一定不會說謊的回應，像是：「今天早上有下雨嗎？」、「昨天你有上班嗎？」有些人的眼球就是習慣先往建構區跑，這都是因為對方的大腦神經語言的程式設定關係。

換言之，你更可以透過他的眼球轉動，迎合他神經語言的銷售策略，讓他更容易進入你帶入的銷售情境，你的成交率將會大大提升！

相信讀到這裡，大家更能夠體會到，客戶類型百百款，

又怎麼能用單一的銷售話術去應對所有客戶呢？只是沒有學過心理學的業務，必須依賴話術，就只能增加開發量及拜訪量來增加成交量，卻無助於增加「成交率」。

如果我們今天透過觀察客戶的「表象系統」，藉由客戶的行為特徵、慣用詞彙及眼球移動的細節，找出迎合他們慣用的表象系統，就可以在原來的開發量及拜訪量，有效提升成交量了。

你的成交率來自於你懂不懂客戶，而不是懂不懂話術。

練習

找一個可以練習的對象，透過一些簡單的問題，觀察他的眼球移動，如：

「巴菲特是雙眼皮？還是單眼皮？」

「昨天你穿什麼顏色的衣服？」

「想像一下你的媽媽變回小孩的樣子。」

「想像一下大象的鼻子是彩色一截一截的。」

「大象兒歌的第四句怎麼唱？」

「你家的門鈴聲是什麼聲音？」

「聽到你父親模仿郭富城唱歌的聲音。」

「問問自己今天晚上要幾點睡覺？」

「感受一下當你落枕時，肩膀痠痛的感覺。」

請對方輕鬆、自然的回答,並記錄解讀對方的眼球線索,當你練習的對象越多,你越能掌握客戶的慣用表象系統,就越能夠應對各種類型的客戶。

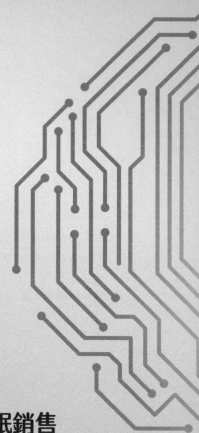

第五章

快速打開潛意識──催眠銷售

當我們學習了 NLP 的技巧後，就可以不需要再依靠話術了，可以透過觀察每一個客戶的慣用表象系統，接著找出相對適合客戶的感官語言，我們就可以在最短的時間內跟客戶打成一片，製造親和感，客戶也會有一種一見如故、彷彿上輩子就認識的信賴關係。

不過，接下來我們終將還是得面對「銷售」這一環，許多人會覺得聊天很容易，然而只要進入銷售和成交的環節時，就不由自主的開始畏縮了起來。因為害怕要業績、害怕被拒絕，或是害怕沒面子……等，這些都是你由於過去被拒絕的經驗所累積起來，帶給你大腦產生所謂 NLP 的「一般化」反應，認為只要一做銷售，就會有被拒絕的認知、受傷或恐懼。

而 NLP 源自於心理治療應用，調整或重新改變了許多人對於「刪減、扭曲、一般化」的內在地圖，讓人可以活出平衡、一致的人生。而在這裡，我也會針對已經對銷售有恐懼一般化的讀者，做了簡單的後設模式，來幫助還原你自己的內在地圖：

「你過去一直被拒絕，你都是用什麼方式在銷售呢？」

「你還有試過用別的方式來銷售嗎？」

「你的銷售方式一直被拒絕，你都是銷售什麼樣的客群？」

「有試過換別的客群嘗試看看嗎？」

「你在銷售過程中，在哪個環節最容易被客戶否定？」

「你在銷售過程中，在哪一個環節客戶最肯定你？」

「你是聽誰説你口中的話術是很有用的？」

「你有研究過別人的話術有用的原因是什麼嗎？」

「你有檢視過你的客群跟他的客群是一樣的嗎？」

「客戶的拒絕，通常是拒絕什麼呢？」

「所有客戶都會拒絕你嗎？」

寫下過去跟客戶對話時當下的感覺：

回想一下你過去跟客戶對話時當下的感覺，在左頁寫下你的答案，接著一邊看著你的答案，一邊去感受自己過去的銷售情境，你將會看見你為何不敢銷售客戶的脈絡，你也會在這個章節找出你敢去銷售的自信。

如果你把這些答案都寫出來了，也看了我後來對你的回應，你就會開始產生一種莫名的安全感，或是有一點頭緒和方向，也會有一絲絲的自信跑回來，事實上，我必須老實告訴你，你已經在書中被我催眠引導了！

什麼！被催眠有這麼容易？是的，催眠一直藏在我們日常生活中的各種情境中，藏在感情裡，藏在親子關係裡，藏在交易、友情、工作等關係裡。究竟什麼是催眠呢？我們了解了催眠之後，又該如何好好運用催眠，來成功銷售商品給客戶呢？

什麼是催眠？

　　很多人對於催眠的定義，不外乎就是在電視上看到的催眠秀。催眠師一個響指或是一首音樂響起，臺前的觀眾眼睛閉上，倒成一片呼呼大睡。

　　緊接著，催眠師另外再下一首音樂的指令，此時臺前的觀眾有人忽然眼睛睜開，開始扮演起超人作勢飛翔的姿勢跑了起來；有人則開始扮演起大力水手，在那裡賣弄肌肉。

　　許多人常會把催眠妖魔化，甚至認為這是馬戲團的表演。而被譽為全世界最偉大的催眠大師——米爾頓 · 艾瑞克森對催眠是這樣定義：「**呼應就是催眠。**」

　　簡單來說，任何的一種關係都是一種催眠狀態，舉例來說：一對情侶在談戀愛的過程中，因為有情侶關係上的互動，彼此都有呼應對方的情緒，愛得越深就越陷入無法自拔的循

環，這種循環就是一種催眠狀態。

　　所以當其中一方劈腿了，停止呼應回饋對方感情上的投入時，另一方就會因為催眠狀態得不到回饋，而開始陷入難過、痛苦。

先呼應，後引導

所以只要呼應做得越多，關係建立越紮實，催眠效果就越顯著，這就是快速打開客戶潛意識的「催眠銷售」。

其中 NLP 四大關鍵核心的「建立關係」，就是在做呼應，呼應可以透過口語或非口語，去陳述對方的口語或非口語。我們先從許多業務過去銷售的對話模式來看：

客戶：「我不需要保險啦！」

業務：「你知道現在不需要保險，是因為現在還可以規劃保險，等到風險發生的時候再來規劃保險就已經來不及了，所以要趁現在有資格規劃保險的時候，事先做好保險規劃，等到風

險發生的時候，你就會需要保險的理賠了。
你先聽聽看我這份建議書的內容，如果你覺
得不錯再跟我說。」

客戶：「可是我現在的開銷很大，不想花額外的錢去
買保險。」

業務：「一天只要省下一杯咖啡的錢，就可以換來這
輩子風險的預防，對你而言，一點也不會造
成損失的，你可以先看看建議書，真的不會
吃虧。」

客戶：「可是我現在就是沒有錢啊！不然早就跟你買
了啦！」

業務：「你知道年輕人需要什麼嗎？」

客戶：「是什麼？」

業務：「年輕人需要的是一個機會！如果你可以給年

輕人練習講一次建議書的機會，你也可以幫

　　到我。再來，你看過這份建議書之後，喜歡

　　的話再跟我買，不喜歡也沒關係。」

客戶：「可是……好吧！先聽你講看看吧！不過先說

　　好喔！我沒有一定要買喔！只是先聽看看內

　　容而已。」

　　有許多業務以為跟客戶周旋、堅持到底，只要有機會打開建議書或試算表，再來有機會拿出要保書或扣款授權書，就有機會達到成交的階段。

　　然而客戶心中的感受卻可能是：「又來了！每一個保險業務都一定要這樣強迫推銷嗎？還要用我們都猜得到的銷售話術跟我們推銷，只好趕快敷衍他，看完跟他說考慮一下，然後趕快脫身比較快，不然不看建議書還不讓我走，真是尷尬！」

如果你不是很認同以上客戶的心聲，不妨回想一下，有沒有一些其他業務曾經對你強迫推銷的經驗，可能是直銷、可能是電銷的信貸、可能是信用卡業務⋯⋯等，當下你的感受如果跟以上的描述有些許雷同，你就可以換位思考，去理解客戶也是有類似感受的。

既然這種死纏爛打的方式，會讓客戶對保險業務感到排斥，我們又該如何銷售呢？如果你有學 NLP 的話，**學習先呼應客戶的回應**，然後引導客戶你要的成交路徑，其實並不難，舉例來說：

客戶：「我不需要保險啦！」

業務：「你不需要保險，你應該是一個有**很有自信**的人吧？」

客戶：「沒有啦！只是我覺得現在開銷很大，我不想

花額外的錢去買保險。」

業務：「不想花額外的錢去買保險，是擔心自己的生活會**陷入困難**嗎？」

客戶：「對呀！現在花這麼多錢，生活很拮据，什麼都不能做。」

業務：「什麼都不能做，真的讓人感覺**很痛苦**。」

客戶：「對啊！所以與其擔心未來，不如先讓現在過好一點。」

業務：「現在過好一點，那麼如果讓現在跟未來都可以過好一點，是不是現在跟未來**都不會感覺到痛苦**了？」

客戶：「是啊！你有辦法嗎？」

也順便提醒一下讀者，如果你把以上的對話內容當話術，你一定會在市場上踢到鐵板的，因為客戶的回應不一定會照著以上的對話過程走。

在這裡你要學會的是「**先呼應，後引導**」。「先呼應」是指你可以先陳述他剛剛說過的話，或是將他的話做一個總結，因為你描述的是他口中的「事實」。他無法抗拒自己說過的內容，當下的他會無意識的點頭，或是回應你說的話就是他的意思時，你就已經悄悄打開他的潛意識大門了。

接著你要學會做「後引導」，引導的方向必須是抽象、模糊的，而不是具體、細節的。催眠大師米爾頓‧艾瑞克森之所以被稱為全世界最偉大的催眠大師，就在於他很會引導抽象、模糊的名詞。

在 NLP 則稱為「**名詞化**」，因為「名詞化」既沒有標準答案，也沒有明確的定義，這會使對方大腦的內在地圖進行對號入座，找到自己認知的答案去做回應。甚至有時候對方會因

為對號入座的關係，還以為你超懂他的！

所以剛剛的對話，你會看到「很有自信」，如何定義叫很有自信？有些人覺得有錢就是很有自信；有些人認為這輩子都活到現在了，未來一定也可以活下去叫很有自信；有些人認為可以維持健康就是很有自信；有些人則認為有子女會照顧，所以很放心……等，每個人對「很有自信」都有不同的解釋，這就是標準的「名詞化」。

然後「陷入困難」，是收入、支出、疾病還是有什麼其他的困難？有多少開銷的數字極限會帶來困難？還是家人的負擔連帶「困難」了起來？這些你都已經悄悄在引導風險發生的情境給他去想像了。

接著「很痛苦」，你又再次引導他想像很痛苦的情境，有如催眠的深化，效果只會越來越深入。

再來「不會感覺到痛苦」，你也沒有明確的定義痛苦，你卻引導他自己需要腦補，同時你又「刪除」了具體的解決方

法，而他被你呼應加引導的循環下，早就已經接受了你的引導。接下來，他必須把他內在地圖的那個缺口補起來，就會好奇你該如何幫助他了。

這是透過口語的「**先呼應，後引導**」，如果你從一開始見面坐下來寒暄，就不斷做呼應，當你呼應的越多，你和客戶的關係就建立的越深，接著客戶進入催眠引導的暗示就越容易，這也是坊間所謂的「睜眼催眠技術」之一。

另外，在建議書或試算表上的介紹，你也可以利用大量的「先呼應，後引導」，讓客戶自己腦補保險規劃帶給他的價值和生活上的改變等，這會比你介紹一堆數字、條款、理賠證據等都還更有用喔！

至於非口語的呼應技巧方面，礙於書本的關係，不能像在課堂上可以完整揭露非口語的呼應技巧。簡單來說，就是你可以透過客戶的肢體、聲音、語調等非口語的部分，去做「映現」客戶的非口語部分，就能製造出呼應的效果。

「映現」的意思就是讓客戶好像在照鏡子一樣，客戶的頭往左傾斜一點，你也同時往右傾斜一點；客戶的姿勢呈現左肩前傾，你也同時右肩前傾。

　　只要你的動作不要太刻意模仿，一般而言，沒有人不會接受鏡子裡的自己，所以當你透過非口語的呼應，也能夠讓你與客戶的關係有效建立。

練習

配合對方的「姿勢」和「手腳擺放的位置」，不經意的模仿，不用太刻意。

配合對方的「語調」、「說話速度」和「音調」。

配合對方的「呼吸速度」和「節奏」。

配合對方的「慣用表象系統」。

配合對方的「特定語言」或「共同語言」。

配合對方的「信念」、「觀點」和「價值觀」。

配合對方的「情感起伏」。

配合對方的「內容」。

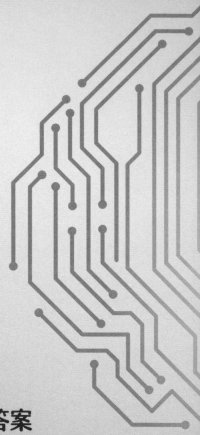

第六章

框架讓客戶回答你要的答案

在第四章提到，慣用表象系統是透過開放式問句，讓客戶思考後回答的過程，並藉由觀察眼球移動，來解讀客戶的大腦思考策略。

然而當我們在銷售的時候，難免有些開放式問句會讓客戶偏離主題，讓銷售流程跑掉，例如：

業務：「你對孩子的教育有什麼想法？」

客戶：「我跟你說，講到這個我就氣！現在的政治人物把學校的課綱改得我超不能接受的⋯⋯」

業務原本心裡想著，客戶應該會針對教育發表他愛孩子的表現，好讓他可以因為這樣的話題切入保險，除非你是要觀察對方的眼球移動，不然這樣的結果是非你所願的。

　　我們該如何有效提問，才能有效引導客戶回答到我們預期希望的答案呢？在 NLP 中提供了許多「框架的設定」，絕對是可以有效幫助你進行銷售提問，大大提升銷售效率，也大大降低客戶棄撤率及未來繳不出保費的持續力。

索引框架

　　這是已故蘋果創辦人史帝夫・賈伯斯（Steve Jobs）在任何場合都非常愛用的技巧之一。請大家回憶一下賈伯斯在 2007 年蘋果新品發表大會上，介紹第一代 iPhone 的銷售技巧，當時賈伯斯運用了「**索引框架**」，說明了這支手機的三大功能，第一個是手機的通話功能，第二個是上網的功能，第三個是 iPod 聽音樂的功能。

　　發表會結束後，iPhone 席捲了全世界，將長期的手機龍頭 Nokia 給顛覆掉。因為索引框架能夠有助於客戶看見亮點，更有助於記憶，同時也在無形中與客戶建立了親和感，讓溝通沒有距離。

　　相較之下，陳述一大堆重點、細節，卻沒有歸納，這是許多保險業務在介紹商品時最大的迷失，以為在銷售時對客戶

講得越多越好。你必須要站在客戶的立場想想，客戶並不是保險業務，沒有這麼多的保險專業，他們無法記得你所有介紹的內容，甚至回到家煮個菜、睡個覺，隔天醒來可能就忘掉八成以上的內容了！

賈伯斯也曾經在 2005 年對史丹佛大學畢業生的演講上，運用了索引框架：「今天我想告訴你們，我生命中的三個故事，第一個故事是關於很多點滴的串連，第二個故事是關於愛及失去，第三個故事是關於死亡……」最後再用「求知若飢，虛心若愚」做為結尾，帶給現場所有畢業生廣大的迴響。

這就是框架索引這麼吸引人的原因，坊間才會有這麼多研究賈伯斯銷售技巧的分析書籍以及 YouTube 影片，供大家來學習。

這同時也是我之前從事保險業務期間，在職域銷講上最愛用的技巧之一，因為一開始透過索引框架，除了有助於現場客戶跟我快速拉近溝通距離之外，也能快速聚焦、記憶在他們

感興趣的話題上，讓他們結束這場銷講後，也不會因為工作到下班，甚至到了隔天，記憶少了一大半而失去興趣。

目標框架

我在擔任講師期間，很常遇到一些學生私訊我，好奇想上我的課，並詢問我課程的相關細節，此時我通常會問他們：「你想透過這樣的課程學到什麼？」

我希望我的學生並不是盲目的為了上課而上課，而是要先找到來上課的正向意圖，找到他要透過上課來換取什麼樣的成績，或是擴張成什麼樣規模的組織，接著他來上課時，就很容易知道自己要的是什麼，有效的吸收知識和方法，有效率的去實踐。

這也是為什麼我曾經培育出許多學生可以從業績掛蛋到年薪百萬，甚至從 MDRT 進步到 COT、TOT 的超業等級，靠的就是「**目標框架**」，就連詢問課程都可以幫助學生釐清找到他真正要達到的目標，讓課程學習事半功倍。

既然如此，如果你想成為 Top Sales，在保險銷售上，「目標框架」絕對是不可或缺的框架，因為有很多保險業務在講解建議書時，是不帶有具體的目標和結果的，像是：

「這份建議書，依照你的年紀來試算，年繳保費只要 3 萬元，你看你可以擁有實支實付 25 萬元的額度、住院日額一天 3000 元、住院手術一次 15 萬元、門診手術 5 萬元……，你看這份建議書還有哪裡需要為你做說明的嗎？」

以上的範例如果是你經常對客戶說的，也沒有歸納一個客戶期待的目標和結果，客戶往往保費繳到一半時，就會開始抱怨保險不會用到，感覺很浪費錢，接著可能還會找一些藉口來停止繳費，之後發生風險時又悔不當初，甚至還反過來責怪你，為什麼當初不好好堅持，這不是很冤枉嗎？所以在銷售

上，一定要搭配目標框架來做引導，例如：

「你一定希望這份建議書，年繳保費只要 3 萬元，是
帶給你工作期間最沒有負擔卻是最好的風險規劃。
你看你可以擁有實支實付 25 萬元的額度，這能幫你
在未來有任何疾病需要自費時，減輕全家人的經濟
負擔，你希望有這樣的保險為家人減輕負擔嗎？」

2013 年有一部真人真事改編的電影《華爾街之狼》，其
中男主角本尊喬丹・貝爾福（Jordan Belfort）現在在世界各
國教授的「直線成交法」，就非常聚焦在結果導向，也就是目
標框架。

任何的疑慮或問題，都必須建立在這個成交的結果上去
排除萬難，客戶也會產生對結果勢必達成的信念，對任何過程

中的意外和困難，都會自主性克服。

也因此，喬丹・貝爾福即便因為過去在華爾街洗錢及證券詐欺等罪刑入獄，出獄後仍靠這套有效的銷售技巧，在世界各地舉辦教育訓練，引起各行各業的銷售業務大量迴響，如今帶給他的收入，遠比以前在華爾街的收入還要可觀！

透過明確的目標框架，客戶才會清楚自己買的是什麼保單，未來也不會在遇到經濟困難時，因為不清楚保險規劃的初衷，導致解約、停效等不愉快的結果。同時也不會遇到同業來惡性洗單的問題，因為客戶非常清楚自己具體要的是什麼，而你透過目標框架，讓客戶的目標和結果歸納更清楚。

假設框架

還記得我在研究所時期，曾經在一堂管理理論與實務的課程中，老師安排整個學期透過正、反方辯論，來刺激大家在管理學知識應用上的碰撞。

當時我是學校管理學的學霸，我非常精通管理學的理論和實務，曾經在第一節課就將老師辯倒了，也因此，老師對我讚許有加，而同學則是非常害怕跟我的小組進行辯論。

當時的我就是對管理學的知識準備充足，所以無往不利。然而現在回想起來，有一位同學其實才是最厲害的辯論高手，雖然整個學期我們沒有對到辯論，可是我對他的印象非常深刻，因為他雖然在管理學知識上並沒有研究十分透徹，但是他卻非常善於辯論。

他並不是拿出理論來辯倒對方，而是透過提問的方式，

他慣用的技巧先是提問Ａ問題，請對方回答後，再提問Ｂ問題，再請對方回答，接著他就從這兩個回答中找到矛盾之處，請對方解釋，而對方就因為這樣而敗下陣來。仔細想想，原來他就是非常善用「**假設框架**」的技巧，製造各種情境來提問。

不過銷售並不是要跟客戶辯論，你辯論贏了也不會讓對方心甘情願的簽約。

那麼我們該如何利用假設框架來進行有效引導呢？這個假設框架就是創造出各種情境的模擬，來獲得客戶在情境下的回應。

而這情境的引導，就必須符合客戶的慣用表象系統，善用視覺、聽覺、感覺的描述，讓假設情境的框架越完整，客戶就越能投入。例如：

「有一天你的父親會老，現在老人越來越多，你也看
　過公園的老人越來越多是推輪椅的，而不是自己走
　的。而那時候你的家人告訴你，推輪椅的人必須是
　看護，因為大家都要上班賺錢，沒有時間留下來照
　顧父親。這時候你也正在努力存自己的退休金，同
　時又有小孩要養，難道要把自己辛苦存下的退休金
　拿來養看護，而不是拿來養未來的自己嗎？這時候
　你問問你自己，會不會感覺到壓力很沉重呢？又該
　如何將風險的傷害降到最輕呢？」

　　如果沒有學過 NLP 的表象系統，有些業務在創造假設框
架時，可能會這樣說：

　「如果有一天你的父親老了，萬一需要請看護，這時
　　候該怎麼辦？」

一樣都是假設框架，可是情境的假設細節，若無法讓客戶投入在情境之中，客戶的感受也會天差地別！問話真的是一門學問，也許過去你總是不得其門而入，靠很多的經驗來彌補你的業績，現在你可以透過學習，來減少不必要的失敗經驗，加快成功的腳步。

求證式疑問框架

　　我曾經陪同過一位學生去跑一個大客戶稅務規劃的案子，當時這位大客戶已經聽過一次這位學生的保險銷售了，卻一直推拖遲遲未簽約，這位學生也不敢鼓起勇氣提出簽約的要求。

　　我到了現場後，在和這位大客戶閒聊的過程中，我就開始不斷與大客戶建立口語及非口語的親和感，接著談到稅務規劃，客戶竟然很順利的提出，這就是他要的規劃，令這位學生感到非常驚訝。

　　拜訪結束後，他一直問我到底說了什麼？為什麼察覺不到我在用技巧？其實我在建立親和感的時候，就已經一直在創造「**求證式疑問框架**」，讓客戶想像成交後的情境。

　　這的確跟假設成交法有些相似之處，卻有著相差很大的引導效果，不是單單只是假設成交的簽約預算，如：「退休金

規劃你想要一個月 1 萬元還是 5 千元？」或是轉帳方式：「我這邊有份授權書，你想要透過轉帳還是信用卡？」

這類型的假設成交是屬於行為面，也許在二、三十年前的市場，很容易被這樣的方式引導，然而如今的客戶也已經被訓練出更多的警覺性，很難再用這種二擇一的方式來成交客戶了。所以求證式疑問框架的提問要領，在於你在描述（成交後）結果時，如何放大一些關鍵數字，或是客戶和客戶家人等的感受，舉例：

「你如何確定你已經達到你要的財富自由？」

「做了這樣的投資型規劃，當你到了退休那一天，你可以看到每個月 6 萬元的被動收入，錢不會越花越少，你會不會感覺很有成就感？」

「有一天孩子發現，你連留給他的錢，都能把稅務安

排得妥妥當當，就算過去有一些誤會，也讓孩子感到很窩心，你的孩子會怎麼重新看待你這位父親給孩子的愛呢？」

「所以我們老了，如果有需要走進病房的時候，可以告訴自己的孩子：『放心！爸爸手上有幾張保單，早就規劃照顧好我接下來的醫療開銷，如果真的需要長期照護，我的保險都幫我準備好了。』你的孩子會不會從父親身上看見這份愛，連醫療費用都照顧到了，你希望給孩子無牽掛的未來嗎？」

　　你會發現，一旦框架放在對的位置，就可以順利引導客戶說出你期待的回應效果。你可能無法馬上就練出這樣的臨場反應，卻可以從現在開始，每一次跟客戶見面時有意識的練習，直到你成為無意識、自然的使用，你的業績也會很自然的開始源源不絕喔！

觀點角色框架

　　有一次，某個保險通訊處邀請我去演講一場理財講座，他們希望藉由我介紹的某一項保險商品，製造出當天達到一群客戶現場簽約的盛況。

　　於是我就稍微調查了一下，當天蒞臨的客戶是哪一類型的客群，他們說大部分都是軍公教的客戶族群，於是我在我的簡報設計中，便加入了許多有關軍公教的統計，如軍公教關心的退撫基金破產進度、軍公教的職業病、軍公教退休金來源的統計……等。

　　當天的講座，由於有了這些統計資料，讓現場的軍公教聽眾在這樣的框架下，非常認真在聆聽，演講結束後，引起了許多客戶的熱烈迴響，紛紛向他們的業務表達要做退休金規劃的意願。

許多業務也都說我的銷講方式很接地氣，其實我只是不斷呼應客戶現有及未來的事實困境，在呼應這觀點的角色框架下，進入簽約的引導。

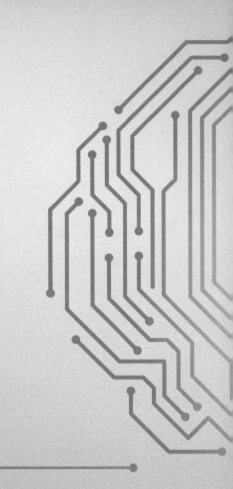

第七章

時間線銷售技巧

銷售商品如何能生動的銷售呢？回顧一下我們前面有迎合客戶的「慣用表象系統」，透過後設模式去還原客戶回應的「刪減、扭曲、一般化」，並透過先呼應後引導客戶，讓後設模式不至於破壞親和感，並且利用「框架」有效引導客戶回答我們想要的成交方向。接下來我們還要學習一項 NLP 在心理治療上非常好用的一項技巧，它叫「**時間線技巧**（Time-Line Therapy）」。

　　在心理治療上，是透過客戶潛意識的世界，找出針對時間點的投射，透過人的神經語言，將時間點的空間栩栩如生呈現出來。透過這樣的方式，可以改變過去的傷痛，也可以創造充滿期待、可實現的未來或夢想。使用時機不一定要在治療上，甚至在一開始的關係建立上也非常好用。

　　其實我們的大腦是沒有時間限制的，要記得，大腦是無法分辨現實與想像的感受的。你可能會說怎麼可能？我們就用幾個例子來驗證我這句話：

「你是否曾經因為一些電影的劇情，演到一個感人肺
　腑的橋段時，無法控制你的情緒而潸然淚下呢？」

或是：

「你是否曾經聽到別人跟你講過假設性的一些天馬行
　空的壞話，你明知道那是假設，但是你同時卻感受
　到憤怒的情緒？」

或是：

「你是否曾經在睡覺時，夢到有一隻怪物追著你跑，
你很緊張、很害怕的不停奔跑，直到這隻怪物抓到
你，準備一口咬下，你尖叫大喊：『救命！不要！』
忽然你嚇醒了，並且發現自己嚇出一身冷汗、肌肉
收縮？」

這些都證明了，你明明知道電影的劇情是假的，別人假
設的壞話也是假的，做噩夢也是不真實的，可是你的大腦就是
無法區分現實與想像，腦中也無法分辨「未來的記憶」。

我的很多學生都知道，我有一個妹妹在考大學的時候，
由於給了自己過大的壓力，結果產生了幻聽的症狀，我的父母
送他去臺大精神科住院了一個月，出院後服用抑制多巴胺的藥
物至今。

過程中，我們找了很多很多的管道，想要幫助妹妹走出幻聽的困擾，她曾經透過基督教的信仰，竟然發生了有一年多的時間幻聽消失的狀況！

後來又因為接觸了一些身心靈的課程，原本以為可以幫助她，讓她的生活變得更好，結果沒想到反而在體驗的過程中，由於過度缺少親和感，妹妹在刺激性過大的壓力下，讓她無法負荷，因而導致幻聽復發，而且狀況變得更嚴重！

當時幻聽復發時，這真的讓我感到非常難過，因為這種狀況困擾著妹妹將近快二十年的時間，想必妹妹一定非常煎熬，也非常勇敢一直撐到現在。因為在她的潛意識裡，還是藏著一絲不願放棄自己的生命力，我必須要幫助她看見，她的內在有那份能力。

這也是我花了很多時間在鑽研心理學的原因之一，這期間繳出去的學費最少也有 200 萬元以上，中間也走過許多冤枉路，直到我開始擁有足夠的 NLP 知識和資源之後，開始能

夠有能力陪伴我妹妹，讓妹妹漸漸能夠與幻聽和平共處。

　　隨著妹妹漸漸找回自信的同時，也讓她幻聽的聲音開始越來越小，甚至有大部分的時間都聽不到了。（有關於幻聽的部分，來自於次人格的描述，比較不適用在保險銷售上，未來在親子溝通上的著作，將會有更多的詮釋提供給讀者。）

　　偉大的保險事業，就是在時間線上跟風險賽跑，預防客戶的生活不被風險改變，因為保險商品是無形的，如何讓無形的商品變成栩栩如生的現實，「**時間線技巧**」絕對有助於銷售情境的成效。

　　因為時間線就是潛意識的投射，代表著客戶無形的信念或更高的層級，這就是睜著眼睛的催眠式銷售。有時候，無形的商品反而會是最有利的，因為我們有更多的空間，可以彈性配合客戶的感官系統做詮釋。

時間線型態

　　在描述悲慘的事件時，有些人情緒很豐富，有些人則是很冷靜。其原因在於當事者在時間上是屬於抽離的還是結合的狀態？而抽離或結合都有其優缺點，我們在銷售上、經營上，都要因應時宜來靈活變換位置，讓客戶充分感受到這份保單及保險業務的價值。

　　其中時間線擅長的語法，可利用「在不久的未來……」、「很久很久以前……」、「很長的時間」等，將時間與空間連結在一起的情境聚焦。

○ 類型一：外時間線（Through Time）

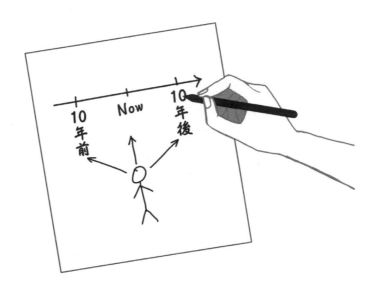

　　客戶描述事件時，通常是以局外人抽離的角度，看這事件的發生過程，這就很像有些人在傾聽別人的一些心聲時，有些人無法同理別人的感受，而是抽離的狀態，很理性的分辨是非或給出建議。不是說這樣子不好，而是抽離用錯時機了。

　　「外時間線」在什麼時候使用比較適合呢？我會建議在

保全的時候，舉例來說，投資型保單連結的是投資標的，市場上難免有時候會遇到金融風暴，或是突發事件影響標的大跌。而這時候客戶難免會打電話來抱怨，你就必須帶客戶用「抽離第一人稱」的角度，以局外人的角度來看這件事件的過去、現在和未來的時間線。

基本上客戶越是抽離，他們就越能用環顧的方式恢復冷靜，負面情緒就會減弱，對於時間管理上較容易理解與可控，也可以用理性去理解景氣循環的邏輯，並接受投資本來就是看遠不看近的原則。

這裡就來做一個簡單的對話示範：

客戶：「你給我推薦的標的，最近跌了 10%，其他標的都漲了，就只有你推薦的賠了！」

業務：「我推薦的這支標的最近跌了 10%，你會覺得

不符合你現在的期待嗎？」

客戶：「對呀！當初銷售的時候，你們業務都很愛畫
　　　大餅，賠錢的時候沒幾個人能處理，叫你們
　　　負責，你們就只會說，投資本來就是有上有
　　　下，我是相信你們才投資的，我不想聽到一
　　　堆事後的藉口。」

業務：「的確，感覺得出來你有一些生氣的情緒，你
　　　也不想聽到一堆事後的藉口，我們可以冷靜
　　　的看看這個投資標的，過去、現在與未來的
　　　脈絡嗎？」

客戶：「你說說看！」

業務：「我拿出一張紙，我畫的這個人，就是投資這
　　　個標的的其中一位客戶，他觀察到，十年前
　　　這個標的的基金經理人，所選的標的都是科
　　　技產業居多。他發現到，科技拉到不久的將

來，或是具體一點，拉到十年後，科技會進
步還是會退步呢？」

客戶：「科技當然會進步啊！」

業務：「對！這個客戶就是看準了科技只會進步的依
據，他決定相信這位基金經理人的操盤，從
他過去的持股明細，可以看見他投資的都
是大家耳熟能詳的公司，像是 Facebook、
Microsoft、Apple……等，你覺得這個客戶
的判斷依據是什麼？」

客戶：「都是投資一些大到不能倒的公司，理論上很
安全呀！」

業務：「然後過去這十年，你看一下這張投資表現的
圖表，大部分的時間都是獲利的。但是你有
沒有發現，為什麼其中有幾個時間點會是下
跌的呢？」

客戶：「這個時間點是因為金融海嘯，沒有任何公司會賺錢的；而這個時間點是因為 Facebook 個資外洩事件，造成股價重挫，還有……」

業務：「很好，你分析的很好！因為這些事件的發生，造成基金淨值的短暫下跌，但是我們來看後來的表現呢？」

客戶：「就回來了。」

業務：「發生了什麼事，讓這個標的回來了，還賺回來更多？」

客戶：「我想是因為那些都只是一些負面新聞事件，導致報酬率受到短期影響，可是科技是一直在進步的，既然一直在進步，長期投資就一定會看到回報。」

業務：「是啊！長期投資就一定會看到回報，現在這

個時間點淨值跌了，你會怎麼看這一次呢？」

客戶：「是因為新冠肺炎疫情造成科技業就業、生產
　　　　及進出口受到影響吧？」

業務：「的確無法出去工作會受影響，可是這會是長
　　　　期受影響嗎？」

客戶：「我覺得不會，疫苗遲早會問世，遲早會回到
　　　　正常的生活。」

業務：「既然遲早會到正常的生活，那麼這個標的的
　　　　未來十年，你會建議他怎麼做呢？」

客戶：「當然是長期持有啊！科技就是一直在進步，
　　　　人類文明的歷史一直都在進步，怎麼可能不
　　　　進步？我懂你要說的是什麼了！我應該要長
　　　　期持有才對，我被一時的情緒左右了我的判
　　　　斷，感謝你幫我釐清真相。」

當我們幫助客戶抽離了當下的第一人稱，將時間線畫出，帶著他一起來分析過去、現在到未來，他當下的壓力或情緒就會減輕非常多，情緒減少了，也就相對能夠理性聽得進去我們的話。

因為人在有情緒的時候，人會捍衛這個情緒的合理性，同時也聽不進去跟這個情緒相反的話，所以我們不要跟他的情緒正面碰撞，先帶他抽離，情緒就會先消失一半以上了。

○ 類型二：內時間線（In Time）

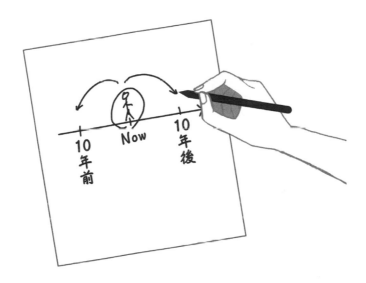

在銷售上，「**內時間線**」是絕對必備的技能！因為這樣可以讓客戶感同身受，也可以讓客戶以第一人稱的視角，聚焦在看見眼前的風險，更能夠去明顯感受出有無保險規劃的未來，分別會有什麼樣的情境。

你若是將情境描述得越完整，客戶的大腦就越無法分辨

想像與現實，他就會深陷在裡面，沒有任何的干擾或過去不愉快的購買經驗，會更容易接受你的保單銷售。舉例來説：

業務：「過完新的一年，你對工作有什麼樣的期許？」

準增對象：「還能怎麼樣？不要被減薪，一個月可以加薪 3000 元就要偷笑了。」

業務：「一個月加薪 3000 元就偷笑？我很好奇是怎麼回事？」

準增對象：「你又不是不知道，坐辦工室的工作就是這樣，一成不變，也沒什麼機會升遷，上面的職位都卡死了，要等升職？不如換工作比較快啦！」

業務：「如果等不到升職，你該怎麼辦呢？」

準增對象：「能怎麼辦？不就這樣繼續撐下去，我還
　　　　　有孩子要養，現在換工作又怕找到更糟
　　　　　糕的工作，我已經過了可以到處嘗試看
　　　　　看的年紀了。」

業務：「你擔心自己已經錯過嘗試看看的年紀了，所
　　　以你現在選擇繼續撐下去，是因為你很重視
　　　你的孩子，是嗎？」

準增對象：「對呀！」

業務：「我來幫你釐清一下，我現在拿出一張紙，你
　　　現在就在這個黑點上，我現在畫出一條時間
　　　線，左邊是過去，右邊是未來。請你回想一
　　　下你在十年前的位置，想到了嗎？那是怎麼
　　　樣的你呢？」

準增對象：「那時的我剛退伍，找到的就是現在這份
　　　　　工作，在學校的時候拿了幾張文書處理

的證照，公司老闆給了我三個月的試用期，我當時還很菜，就是傻傻的做，沒想到一做就做了十年。」

業務：「那時候的你很菜，你說你就傻傻的做，那你有替十年後的你，想好如何為自己的職涯做好規劃嗎？」

準增對象：「沒有耶！當時沒有想很多，也覺得自己沒什麼籌碼可以挑自己想要的工作。」

業務：「當時沒有籌碼挑自己想要的工作，而在這十年的過程中，你結了婚、生了孩子，這些結婚、生子的過程，有在你的計畫中嗎？」

準增對象：「哈哈哈！我也沒想到會這麼快就有小孩。你也知道，現在很多人都是活在當下，管不了未來這麼多，誰知道小孩一生下來，這個也要花錢，那個也要花錢，自

己只能省吃儉用。太太也只是一個小職
員，我們就是這樣才不敢離職啊！」

業務：「看來你們捉襟見肘的生活到了現在，如果再
　　　過十年，你的工作仍然卡在原地無法晉升，
　　　你太太也還是你説的小職員，到時候孩子長
　　　大了，開銷變得更大，孩子如果在這時候跟
　　　你説：『爸爸，我想要補習，不然我跟不上
　　　同學的成績。』你該怎麼辦呢？」

準增對象：「……」

業務：「你會覺得對孩子無能為力而感到難過嗎？」

準增對象：「我不太敢想……」

業務：「而這時候的孩子看著同學成績一個一個超越
　　　他了，你是孩子的未來，孩子還是會希望父
　　　親能想出一個對策，你該怎麼辦呢？」

準增對象：「可能就開始斜槓，兼差跑外送吧！」

業務：「我相信你是一個好爸爸，想要給孩子最好的成長背景。」

準增對象：「是啊！既然都生了，當然希望他有很好的未來，不要像爸爸現在要上不上、要下不下的。」

業務：「這是你要的未來嗎？」

準增對象：「我能改變嗎？」

業務：「來！我們再把時間拉回到十年前，那個當時很菜、傻傻工作的你，在這十年過程中，你學會了或是擁有了什麼樣的資源或能力呢？」

準增對象：「我發現我滿會找理由的，因為有時候公司內部有些事出包了，由於我不能失去這份工作，所以我很會推卸責任，這樣

算是能力嗎？」

業務：「這代表你是擁有在危機發生時臨場發揮的應
　　　變能力，你有發現嗎？」

準增對象：「對耶！你們做業務的講話就是不一樣，
　　　　　甜滋滋的！哈哈！」

業務：「你除了練就了臨場應變能力之外，還有別的
　　　能力或資源嗎？」

準增對象：「我還有……」

業務：「所以我們現在擁有了臨場的應變能力、還
　　　有……，十年後的今天，如果從事一份有前
　　　景的工作，你覺得你還欠缺什麼樣的資源，
　　　可以幫助你在十年後的未來，擁有給孩子更
　　　好生活的能力，扮演好孩子這輩子心目中最
　　　棒的父親？」

準增對象：「我希望有一個不藏私的主管，給我很多
　　　　　　知識上的協助、紮實的教育訓練，並擁
　　　　　　有有效率的工作方法……等。」

業務：「好！我要你現在想像一下，這份工作就是我
　　　　現在在做的保險業務，你要不藏私的主管，
　　　　相信你跟我認識的這幾年，你問我的任何問
　　　　題，我都盡心盡力幫你找出答案，對吧？」

準增對象：「是啊！」

業務：「你希望透過知識上的協助，讓你在業務職場
　　　　上能夠趕快上手，這是什麼感覺？」

準增對象：「踏實的感覺。」

業務：「真的踏實才不會很空虛，你除了希望擁有知
　　　　識上的協助外，還要透過紮實的教育訓練，
　　　　來快速換取在新職場上的成績嗎？」

準增對象：「對呀！要有這樣的業績，才能夠賺更多
　　　　　的錢。」

業務：「所以為了賺更多的錢，一定要找出有效率的
　　　方法囉？」

準增對象：「當然！」

業務：「很好，當我們在未來這十年，好好將這些資
　　　源與能力培養起來，你希望在多久之後，可
　　　以最快上手？」

準增對象：「三個月吧！可是一定要做保險業務嗎？」

業務：「你問的問題非常好，你現在可以看著你剛剛
　　　列出來的資源和能力，這是可以幫助你賺到
　　　比你現在這份工作還要多的條件，你現有的
　　　工作有這些條件嗎？」

準增對象：「沒有。」

業務：「那有別的工作可以擁有這些條件嗎？」

準增對象：「我剛想到可以創業，可是我沒有錢也沒有自己列的那些條件，我想不出來還有什麼工作有這些條件？」

業務：「如果在這裡，這些條件都可以擁有，在你說的三個月後，你就可以上手，想像一下十年後，你可以給孩子豐盛的栽培資源時，那是什麼樣的感覺？」

準增對象：「孩子可以在最好的環境下成長，業務的時間又很彈性，我可以跟他有更多的時間相處，就像兄弟一樣，以後一定可以出國深造，我也不怕沒錢給他了。」

業務：「那他想要對你說什麼呢？」

準增對象：「他一定會覺得有這樣強而有力的爸爸很

> 幸福、很驕傲！」
>
> 業務：「你喜歡擔任這樣的爸爸角色嗎？」
>
> 準增對象：「喜歡啊！不過你要告訴我細節，好讓我
> 　　　　　　覺得這個機會是可以實現的，不然我真
> 　　　　　　的會沒有安全感換工作喔！」

請留意這段對話的過程中間，我做了非常大量的「先呼應、後引導」，同時操作在內時間線上，引導效果更容易進入情境，相對的感受性大增；反之，如果客戶是抽離的狀態，這段對話的感受性就會大減，很可能他會趨於理性或批判的角度，來評論你的引導是否正確，所以時間線的運用必須要清楚使用的時機。

我還記得在從事保險業務時期，曾經透過時間線增員過一位年薪比我還要多的 Top Sales，如今他在保險市場發展得

越來越好，組織遍及全臺各地。很簡單，就是時間線的設定，
幫助他看見他在未來的樣子、未來的情境及未來的生活等。

在銷售上，透過內時間線的銷售技巧，同樣可以讓客戶
身歷其境，不管你是帶快樂的未來或是風險發生的未來，都能
夠讓客戶沉浸在時間線上，客戶就會順理成章聚焦在眼前的保
險規劃。

未來模擬

　　如果你希望客戶規劃了這張保單後，未來可以保持紀律的繳費，不會因為突如其來的金融風暴、換工作或是緊急事件等因素，放棄繼續繳費的行為。或是被增員者願意進入保險業，努力長期發展自己的事業，不會因為開發客戶出現困難、銷售遇到瓶頸、發展組織遇到人力流失等挫折，而放棄了保險事業，「未來模擬」就是非常重要的一環了！

　　因為客戶簽一張保單，或是被增員者換跑道工作時，其意義都是一種改變人生的開始，而改變的意思就是在他既有的生活、學習、講話等習慣裡，要做出不是既有習慣上的改變，中間就會有很多的不適應、衝突或挫折。

　　所以當我們透過時間線的銷售引導到最後，客戶很投入在未來的情境下，認同這樣的規劃可以改變他的生活，你要再

多做一個最重要的動作，那就是「未來模擬」。

可以透過你們所互動建構出來客戶心目中想要的未來，建構清楚那個空間的周圍景象、周圍的聲音、對話，以及當下的氛圍、感受……，接著請他去想像一下這樣的未來，在未來任何情境下，是否都能夠貫徹執行，而這樣的執行紀律，是不是正在走向自己想要的未來？

如果可以，你就成功引導客戶走了一趟未來模擬之旅，客戶的潛意識會記住這樣的過程，在未來發生一些突發事件時，也能夠明白自己要的未來和過程中必須持守的紀律，也就很難發生有中斷繳費的問題了。

同樣的，被增員者也能利用未來模擬，不僅增強他的定著力，也增強他在挫折發生時，會因為當時模擬出來的那個未來目標，而選擇去找突破的方法和資源，大大降低了推卸責任、責怪主管、責怪客戶或環境等負面情緒。

練習：未來模擬

1. 將改變嵌入建構一個完整的未來（視、聽、感俱足）。

2. 內在預演（跟隨著客戶在未來預演）。

3. 檢查整體平衡是否通過（以前是客戶提出反對問題，你來回答；現在是你把反對問題提出，由客戶的內在資源去解答，有助大大提升成交率。）。

4. 開始學習簽約後的新行為改變。

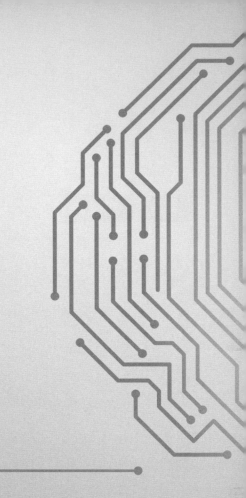

第八章

歸類技巧

很多學生常會告訴我：「老師，你的授課方式淺顯易懂，你怎麼都可以把很複雜、很難懂的一些訊息，整理歸納成我們一聽就懂的內容啊？上你的課真的好像在聽故事一樣，很享受耶！一不小心就下課了！」

我究竟是如何設計我的授課內容，讓臺下的學生不打瞌睡，甚至很享受整個過程，完全不會有時間漫長的感覺呢？只要你能夠理解 NLP 的「**歸類技巧**」，就可以讓客戶享受你的銷售技巧，也可以讓你的組織動力被啟發喔！

我們先來回顧一下，有一些業務的銷售方式：

⋯⋯⋯⋯⋯⋯⋯⋯⋯⋯⋯⋯⋯⋯⋯⋯⋯⋯⋯⋯⋯⋯⋯⋯⋯⋯⋯⋯⋯⋯

業務：「這份建議書，有關於二級失能的例子是⋯⋯」

客戶：「那我問你喔！如果身體⋯⋯，也算是二級失能嗎？」

業務：「是的！根據條款裡的定義，這樣也屬於二級

失能哦！」

客戶：「我忽然想到我有一個朋友，他的狀況是這樣
　　　　的……，這樣也算是二級失能嗎？」

業務：「呃……根據這樣的條件……，不屬於二級失
　　　　能喔！」

客戶：「你看，也沒你說的這麼容易理賠啊！」

業務：「那我再舉幾個例了……」

　　有聽過「言多必失」這句成語嗎？這類型的銷售方式就
是最佳範例。客戶根據業務的回應，開始與業務把銷售的方向
引導到理賠的細節去，而疾病有幾千、幾萬種，保險業務畢竟
不是醫生，更不是全能的醫生（連醫生還有分內科、外科、精
神科……等），就這樣被客戶一連串的專業問題給考倒了！

難道我們改進的方法，就是無限上綱提升自己的理賠專業，練就各科醫生的專業，這樣的保險業務，真的是世界上最專業的職業了嗎？

　　我們除了要有足夠的專業知識外，還需要透過有效的表達方式，因為我們說話的內容，會決定客戶的回應。善加運用 NLP 的各種歸類技巧，將有助於你的銷售喔！

向下歸類

前面提到，將「刪減、扭曲、一般化」還原、拆解至更小、更具體的細節，而後設模式和框架，就是在做向下歸類。

透過後設模式，可以在幫助客戶設定目標時，能夠更明確的向下歸類。同時透過框架的向下歸類，也可以幫助客戶聚焦在想要引導的方向，不會讓客戶因為保險商品百百種而失焦。舉例來說：

客戶：「聽說最近你們家有一項商品還不錯，可以寄一份建議書來看看嗎？」

業務：「你想看哪一項商品的建議書呢？我很好奇，怎麼會突然對這項商品有興趣呢？」

客戶：「就是那個 ABC 商品，它的利率聽說還不錯，
　　　我想先看一下建議書。」

業務：「你是聽說它的利率還不錯，你想透過這個利
　　　率去創造什麼用途嗎？」

客戶：「就想要更有錢呀！現在利率這麼低，想找利
　　　率高的地方放。」

業務：「的確現在利率都很低，利率高的地方的確是
　　　吸引人，不過同時也要想一下，既然有利率
　　　高的地方可以放，放的時間越長效果越好，
　　　還是放的時間越短效果越好呢？」

客戶：「當然是放的時間越長效果越好。」

業務：「所以利率高，要搭配放的時間越長，效果才
　　　會出來，沒錯吧？」

客戶：「是啊！」

客戶有時候提出要了解商品時，千萬別馬上見獵心喜，馬上丟出建議書，以為馬上就有機會簽約。實際上，客戶丟出的訊息刪除了很多真相，有時甚至連自己要什麼都不知道。

透過向下歸類的引導方式，就可以引導或還原客戶找出他真正要的是什麼，也可以避免白忙一場。

平行歸類

　　當你要把一件複雜的事，能夠清楚表達讓對方理解時，真正厲害的業務，很會利用「隱喻（比喻）」的方式來詮釋。而我在授課的時候，也非常愛用隱喻的方式，來讓學生更能快速的理解。舉例來說：

客戶：「你們投資型保單要扣掉一堆成本，感覺很複雜，這樣的投資不划算啦！我認為投資歸投資，保險歸保險才對！」

業務：「我懂你的意思，的確投資型保單是有一些保險成本要扣的，才會讓你有不划算的感覺，那我可以解釋一下投資型保單給人感覺很複雜的原因嗎？」

客戶：「好！我聽聽看。」

業務：「你有開車嗎？」

客戶：「有啊！」

業務：「我很好奇，開車不就是四個輪胎在馬路上，
　　　　催個油門就可以到達我們想要去的地方了，
　　　　為什麼有些人就是堅持要買雙B的車子？那
　　　　不是很貴嗎？」

客戶：「因為雙B的車子鈑金厚，很耐撞的。你知道
　　　　嗎？在高速公路上發生車禍時，國產車都會
　　　　變成鋁罐直接被壓扁，雙B的骨架和鈑金撞
　　　　下去很難撞扁，所以它才會貴啊！」

業務：「原來是鈑金厚的關係才貴啊！可是每年保養
　　　　車的錢，不是都一樣是車子嗎？怎麼雙B的
　　　　原廠保養也是貴得嚇人？」

客戶：「因為雙B的車子給人的印象就是尊榮、地位的象徵，當然服務要很好啊！如果養不起雙B的車子，那買國產車就好啦！只是開車時要比開雙B的車子還要小心就好了。」

業務：「所以買國產車要相對比較小心嗎？」

客戶：「對啊！開在高速公路上萬一發生車禍，國產車就算有安全氣囊也不一定有用，所以有錢人都會開比較貴的車，因為人命值錢啊！」

業務：「我懂你的意思了！人命真的值錢！如果你有足夠的錢養雙B，也會願意買雙B的車囉？」

客戶：「當然啊！有家庭還是要安全一點。」

業務：「安全一點真的很重要！你發現了嗎？買車就像是買保險，投資型保單就像是雙B的車子，它可以帶領你走向退休的財富自由之路。」

客戶：「咦？是這樣嗎？你說來聽聽？」

業務：「過程中它有一個保護家人堅不可破的骨架和
　　　鈑金，保護著你的全家大小，而這個保護的
　　　過程中，你的定期保養就好像是我和你定期
　　　見面檢視報酬率的服務，也許這中間的保險
　　　成本對你來說，就像雙B的車保養費用一樣
　　　貴，卻能讓你全家人在走向財富自由的路上
　　　是安全無虞的。」

客戶：「你這樣講滿有道理的！」

業務：「謝謝你的肯定，同時提醒你，唯一不同的是，
　　　你可以不需要有足夠的錢才買得起投資型保
　　　單，它可以透過錢滾錢的複利方式，將你變
　　　得更值錢。」

客戶：「你這樣解釋投資型保單我就懂了，別的業務
　　　都講得很複雜，我根本就不想聽！」

有時候，我們學了很多的專業知識，往往會用自己的專業跟客戶說明，卻忽略了客戶不是保險業務，並沒有長時間接受保險知識的薰陶和訓練，所以他們很難理解你的專業，甚至還會懷疑你是不是在騙他。

　　如果你懂得利用客戶的背景、知識、資源等，做出平行歸類的引導方式，客戶就能夠在自己懂的領域去理解你要傳達的保險內容，成交當然可以事半功倍。

向上歸類

　　將諸多訊息做一個歸納，集合成一個更大的框架，這是米爾頓 · 艾瑞克森最擅長用的名詞化，例如魅力、幸福、相信、關卡、自由……等。

　　這對於銷售無形的保險商品至關重要，因為很多保險業務都者墨於建議書上冷冰冰的數字和艱澀的專業知識，卻沒有顧慮到客戶真正要的是什麼？導致客戶可能有興趣，卻被一堆專有名詞和數字嚇到決定採取拖延戰術，自己慢慢研究，等到懂了也可能不會跟你買，你還是不知道到底發生了什麼事？

　　如果你今天學會用向上歸類的技巧，將這些艱澀的專業知識和冷冰冰的數字向上歸類名詞化，因為是模糊的名詞化，客戶就會以他自己的內在地圖對號入座，解讀成自己認知的地圖，這將會讓客戶的購買意願大幅度提升喔！舉例來說：

業務：「這張醫療規劃建議書裡面的實支實付，就是
　　　依照你的住院收據做理賠，上限是 30 萬元，
　　　相當於一般人半年的薪水，這是不是大大減
　　　輕了你和太太的經濟壓力？」

客戶：「天啊！如果沒有實支實付的話，萬一哪天我
　　　倒了，孩子的學費、生活費就沒有著落，全
　　　家就要喝西北風了！」

業務：「全家要喝西北風，這風險真的承擔不起！」

客戶：「健康真的很重要，所以我現在都在吃保健食
　　　品來預防疾病提早來報到，保險我倒是覺得
　　　還好，預防勝於治療比較重要。」

業務：「預防勝於治療比較重要是真的，因為預防可
　　　以讓家裡不會遇到過不去的關卡。」

客戶：「對呀！所以要多運動、多養生、多吃保健食

品，才能看著孩子長大，我未來還想要抱孫
子呢！」

業務：「多運動、多養生、多吃保健食品，是不是都
是預防疾病風險提早發生的方法呢？」

客戶：「沒錯！預防很重要！」

業務：「預防真的很重要！那你有預防財務風險提早
發生嗎？」

客戶：「什麼意思？」

業務：「多運動、多養生、多吃保健食品，的確可以
延年益壽，同時卻無法預防意外的發生，對
吧？」

客戶：「只能求神拜佛，保佑不要發生。」

業務：「你會因為這樣而感到不安嗎？」

客戶：「會呀！畢竟是成家立業了，怎麼可以不負責
　　　任呢？」

業務：「對呀！要對家裡負起責任，保險是不是可以
　　　預防剛剛講的意外，背後的不安呢？」

客戶：「這樣講好像有點道理，我忽略了這個不安的
　　　感覺仍然藏在心中，我還是聽一下保險規劃
　　　好了。」

　　只要你懂得將客戶的問題向上歸類，懂得將自己建議書裡的細節也做向上歸類，保險是可以重新讓客戶看見跟他內在趨利或避害的地圖做連結。有時候他們在意的點，未必是你在意的，所以向上歸類，往往可以打中他在意的點，而有時候你甚至不知道他在意的點是什麼（因為他們可能在心裡想通了，不會說出來），就很順利成交了。

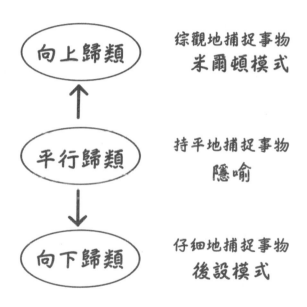

向上歸類　綜觀地捕捉事物　米爾頓模式

平行歸類　持平地捕捉事物　隱喻

向下歸類　仔細地捕捉事物　後設模式

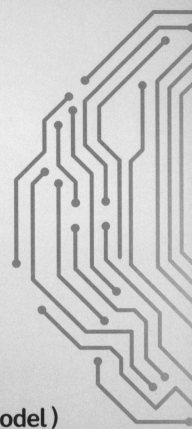

第九章

米爾頓模式（Milton Model）

客戶之所以容易產生抗拒，主要來自於你的呼應不足。為什麼要這麼重視呼應呢？源自於催眠大師米爾頓・艾瑞克森所提到的：「**呼應就是催眠。**」他認為只要可以形成關係的循環，就是一種催眠狀態，而呼應做得越多，進入催眠的狀態就越深，植入指令就會更容易。

被譽為二十世紀最偉大的心理治療大師米爾頓・艾瑞克森，給人的印象是一個講話模糊不清的老人，他顛覆了當時許多心理學醫生對於催眠的認知。

早期的催眠，普遍運用在馬戲團表演或是使用巫術的祭司，所以大家普遍認為催眠是一種邪門歪道。而艾瑞克森卻排除眾議，將催眠導入心理治療，千萬別以為他是無照醫師哦！他可是威斯康辛大學（University of Wisconsin）醫學博士畢業，同時也是第一位將催眠正式帶入醫學領域的精神科醫師。

至於為什麼艾瑞克森的催眠療效這麼備受肯定，其關鍵在於他善用大量的呼應，以及大量的名詞化引導。所謂的「名

詞化」，就是講出模糊、抽象的名詞，會讓對方容易根據自己內在地圖的資源，做任何自由的解釋，也因此容易對號入座，更容易接收語言的暗示。

由於「米爾頓模式」有太多的詮釋方式，難道催眠一定要閉上眼睛才可以嗎？這樣銷售不就派不上用場了？回想一下，我在這個章節一開始引述艾瑞克森說的，只要可以形成**「關係的循環」**，就是一種催眠狀態。

所以任何有連結上的關係，都是一種催眠狀態，其定義並沒有這麼狹隘。因此以下我節錄了一些有利於保險業務實用的「艾瑞克森慣用語法」，不論是你在跟客戶銷售上、增員上或是組織輔導上，只要靈活運用，都能有很大的效果。

艾瑞克森慣用語法

○ 連結詞

» **目的**：使Ａ連結Ｂ。先呼應客觀的事實，跟著連結不可證實的引導。

» **語法**：和、而且、且

例句

* 你穿的衣服很適合你，**而且**給人一種幹練的感覺！
（暗示幹練的人做決定都是很果斷的。）

* 我們今天約的地點，**和**這個放鬆的氛圍，都是你喜歡的。
（暗示他等會兒談案子會很放鬆。）

- 你看這退休金規劃的數字，**而且**正想著退休生活的畫面……

  （暗示他可以透過這份建議書，看見他退休想要的生活。）

○ 時間附屬

» **目的**：將你想要連結的變數，嵌入在時間上。可以幫助客戶嵌入他的過去、現在或未來，讓投射變得更有畫面，客戶越能與你銷售的規劃有更多融入。

» **語法**：一旦、當……時候、同時、自從、之前、之後

例句

* **當我們在退休的時候**，你會看到這份規劃帶給你每個月 5 萬元的被動收入。

  （讓客戶投射在未來退休時，因為有了這份規劃所產生的被動收入。）

* **一旦**有一天遇到家人倒下時，這張保單就會救起全家的未來。

  （嵌入風險發生時的畫面，讓客戶產生當下被保險獲救的安全感。）

- **自從**這個夥伴學會了 NLP，他現在的收入已經成長超過他預期的三倍以上了！
  （暗示夥伴擁有能力，可以改變收入加倍的想像空間。）

- 在許多人害怕銷售投資型保單**之前**，還是有業務在投資型市場獨占鰲頭，你應該好奇的是，他是怎麼做到的？
  （將害怕發生的情境設定尚未發生，有助於幫助夥伴釐清一些真相。）

○ 因果關係

» **目的**：將相關或不相關的 A 與 B 做連結因果，暗示因為 A 的事實，將引起 B 的事件，將原因連結的更明確。

» **語法**：必須、使……、只需要

例句

- 你看，退休被動收入每個月有 5 萬元，你現在的年紀只**需要**每個月投資 1 萬元而已。
  （學會投資就可以致富的因果關係。）

- 你想要成功，**必須**先脫離窮人領固定薪水的思維。
  （脫離窮人思維，就能成功的因果關係。）

○ 動詞時式

» **目的**：將行為表現成已完成的文法，許多高手也非常擅用的
　　　假設成交法之一。

例句

- 你的父親**將會**告訴你，你做保險業務幫助到許多
  人，他真以你為榮。
  （未來完成式，暗示你已經成功幫助許多人之後，父
  親會對你的工作改觀。）

- 股神巴菲特**以前就是**一直秉持著不間斷的投資信
  念，才有今天複利好幾十倍的可觀收入。
  （過去完成式，既有事實，可參考贏家價值觀。）

- 我**已經**幫助我轄下的五位新夥伴完成去年年薪百萬
  了，這是你渴望改變的機會嗎？
  （現在完成式，看見眼前成功的事件，引導夥伴對自
  己的未來有更多的想像空間。）

○ 轉移衍生搜尋

» **目的**：為什麼算命師算你的過去、現在甚至未來，都可以讓你覺得很準？其實這就是坊間「**冷讀術**」（Cold Reading）愛用的技巧之一，簡單的一個冷讀術就可以開好幾堂課了。

說穿了，其實根本就沒有「讀心術」這樣的特異功能，卻能讓客戶感覺你好像很懂他。就是利用轉移衍生搜尋，冷讀術則稱為「**逆向溝通術**」，去協助他在他的內在地圖裡，尋找他要的信念、價值觀、認同等。

例句

· 我的團隊都會一起研習 NLP，你可以在每一次的研習讓你**學會更多**。
（讓對方透過自我對話，思考是不是可以透過這樣的研習，讓自己學到想學到的東西。）

- 有些人很認同保險規劃，因為**有一些價值**只有保險才能做得到。

  （客戶會對號入座思考自己想要的價值，而每個人想要的都不一樣。）

- 這份醫療險規劃，**有些保障**也許是你們全家最需要的。

  （最需要的是什麼？客戶也會說出他想要的內容，你就可以掌握客戶的需求，讓成交更順利。）

- 你總是在做**一些新的嘗試**，這對你的業務人生有很大的幫助。

  （很大的幫助是什麼？被增員者會想像自己想要的未來，去檢視他們渴望的工作，同時加強他們投入業務工作的動機。）

○ 選擇的限制性違背

» **目的**：某些人、事、物在定義上無法擁有某項特質，卻引導
對方不由自主去思考真正的意義。

例句

- 這把**鑰匙**將開啟你最精彩的人生。

 （鑰匙給人一種你這裡有讓他成功的方法，而精彩的
 人生則讓對方開始想像跟成功的方法做連結。）

- 那座山的**山頂**正在等著你。

 （那座山的山頂是什麼？對方會去想像可能是年薪百
 萬，可能是成立自己的通訊處，也可能是擁有自己
 想要的房子等，可以大大減低講錯話的風險，因為
 這全是對方自己對號入座想到的，這樣說話永遠不
 會錯。）

- 挫折是你的**老師**。

 （老師給人的形象，每個人的定義都不一樣，挫折是

負面的訊息，卻會因為「老師」兩字，去思考挫折
背後的啟發。）

- **喝下這杯咖啡**，等等一定可以很專注的討論。
  （這杯咖啡，讓很多人會以為咖啡因提神，進而專注
  聆聽，其實被引導占較多成分，因為咖啡因只是幫
  助人提神，並不會幫助人專注。）

○ 刪減

» **目的**：刪減某些特定部分，由對方的內在地圖去填空。

例句

- 你真的**很愛**你的**家人**。

  （對方的內在會去填空愛家人的什麼點？也有可能自
  己在跟家人比較相對更愛，或是怎麼呈現愛家人的
  方式等。）

- 我可以**理解你的感受**。

  （其實你根本就不懂對方的感受是什麼，可是對方會
  因為這句話感覺到被同理了、被關心了，甚至覺得
  你很懂他的想法或感受等。）

- 我服務的客戶都很**認同**我在投資型保單的**專業**。

  （其實你有什麼專業是不可證實的，客戶會因為這句
  話去想像自己認為的專業條件須符合哪些條件，也
  間接投射在你身上。）

- 這個未來我**準備好了**，你呢？

  （準備好，是準備好什麼知識？還是什麼方法？還是
  什麼資源？客戶會自己捕捉到自己想要的。）

- 你一直以來都很**努力**。

  （努力的定義是不可證實的，對方會感覺到自己被
  同理了、被認同了，甚至覺得被看見了等自我對
  話。）

○ 名詞化

» **目的**：透過先呼應後引導對方，找出他的正、反面意義。

例句

- 你看這個數字，這是你對家庭一輩子的**承諾**。
  （可證實的數字，不可證實的承諾，客戶會對號入座承諾的定義。）

- 每一年的保費，可以換來每一次出門的**安全感**。
  （每個人對安全感的定義都不一樣，也會引導客戶說出內心對安全感的定義。）

- 看到你在簽要保書，你的太太真的很**幸福**。
  （很幸福的畫面，會馬上在客戶的大腦潛意識投射出那個情境，也許會出現對話、氛圍等。）

- 你的改變，將贏得眾人對你的**尊敬**。
  （對方會針對尊敬去想像什麼樣的畫面，什麼樣的作為會帶給對方尊敬的感覺等。）

○ 時間的從屬

» 目的：透過時間去設定對方將會接受的指令、想法。

» 語法：次序、或者、還是、了解到、覺察到、一邊、先、做……之間、做……時、從……以來、……以前、……之後、……之間

例句

- 你可以**先**點好咖啡，**然後**我們**再**來好好的討論。
- 要當 Top Sales 的條件，**首先**就是……
- 你今天看見這樣的規劃，你會**了解到**小資族也能有能力主宰自己的命運。
- 你可以**一邊**跟我討論你想要的規劃內容，**一邊**想像著未來退休生活的感覺。
- 簽要保書**以前**，還有什麼好處是你想要確認的嗎？

○ 改變時間動詞

» **目的**：預設指令將會發生。

» **語法**：開始、結束、早已、尚未、事到如今、停止、繼續、依然、還是會、終將會、已經、持續

例句

- 我們簽下這張要保書後，這張保單**就會開始**保護好你和你的家人。

 （暗示如果沒簽約，客戶的家庭不會受到保護，反之客戶的家庭都會被保護到。）

- 金融風暴發生了，讓你不敢投資的同時，還是會有人持續定期定額，**最後**賺進更多的回報。

 （讓客戶思考其他人已經享受投資帶來的好處，如果自己也跟他們一樣有投資，是不是也可以擁有一樣的好處？）

- 如果**停止**投資，過去的累積不就白費了？

  （讓一些可能遭遇金融風暴不敢投資的客戶，去想像不投資的話，累積的心血是否違背當初對於投資定期定額的信念。）

- 這世界**依然**是有風險，儘管你不相信保險。

  （讓客戶意識到，無論你的價值觀是否改觀，這世界就是有風險的存在。）

○ 會話式要求

» **目的**：預設指令將會發生。

- **你可不可以**專注在這個數字？

  （讓客戶對數字開始專注。）

- **你可不可以**繼續……

  （默默引導客戶往你想要帶的方向去，客戶卻察覺不到。）

- **你能不能**想一下二十年後的定存利率剩多少嗎？

  （客戶過去沒有想過的議題，透過這樣的方式去想像未來的情境。）

○ 嵌入式命令

» **目的**：有時候直接給指令，客戶會抗拒，所以如果用間接的
建議，可以在言談中略過客戶抗拒的表意識，潛意識
接受暗示。

例句

- 我有一個客戶告訴我，當初在金融海嘯來的時候，
他堅持不停扣，依然保持定期定額，過了十年之
後，他的投資型保單翻了兩倍以上，你看這張報
表，這就是你**定期定額**的效果。

（將指令嵌入在「我的客戶告訴我」。）

○ 嵌入式問句

» **目的**：對於一些比較有防備心、較難說出真心話的客戶，可透過隱藏在敘述中的方式，客戶的內在地圖會因為你提出的問題，讓客戶不假所思直接回應，也相對較容易引導客戶講出內心的真心話。

例句

- 我很**好奇**的是……

  （也同時提高客戶對你說的話產生好奇。）

- **如果我猜得沒錯**……

  （客戶會想要核對你說的話。）

- **以為他會跟你說清楚保單的內容**……

  （暗示客戶需要重視保單內容，同時核對上一個業務是否有做到這樣的責任。）

- **可以幫我想像一下退休時孩子多大了嗎？**

  （間接的方式，讓客戶很自然去想像你的問句。）

○ 否定的建議

» **目的**：人的潛意識無法過濾否定句，因此以否定的方式將指
令嵌入在語句之中。

例句

- **不要**太快做決定。
（客戶的大腦會接受「太快做決定」的暗示。）

- 如果真的沒事，真的**不要找我**，因為我很忙。
（暗示客戶要找你。）

» **建議**：坊間有很多人很愛用否定的建議，以為這樣對方就會
照著嵌入的指令去做，其實這樣不是不行，而是你必
須在嵌入指令前，與對方的呼應要足夠，這時候下否
定的建議才會奏效；反之，對方若沒有接收到足夠的
呼應，只會覺得一頭霧水，甚至會覺得你很奇怪。

○ 引用語（故事）

» **目的**：有些客戶很抗拒被銷售時，有時候透過一些故事，讓客戶以為是在聽另一層級的後設訊息（弦外之音）。

例句

> 我知道你父母親很排斥你做保險，我還記得我小的時候，我叔叔是算命師，他告訴我的父母親，我這輩子的成就會比妹妹還要低，學歷也只有專科學歷，當下我很生氣！難道我要因為別人說我這個不行、那個無法做好，我就真的要接受別人設定好的人生嗎？
>
> 所以我不僅後來碩士畢業，在具有挑戰的保險業務工作年薪百萬以上，相信自己，透過自己的信念和行動，證明叔叔算命是錯的！而你的人生想要什麼未來，也是你決定的，我不會像你父母去說服、左右你的未來。
>
> （當遇到想證明的準增員對象，可以透過故事，故事的過程都在將對方可能遇到的一切阻礙，透過故事去排除掉，最後的成功則暗示他也可以做得到。）

米爾頓模式小提醒

　　米爾頓模式是一種使用大量名詞化，藉此引導客戶潛意識想像出更多屬於他們自己想要的畫面、對話、感覺。同時你必須要留意對於一些有後設的客戶，他們可能會將你的指令、問題丟回去給你，要你回答具體的細節，這時你的米爾頓模式就會破功了！

　　我曾經在幫一位學生諮詢時，他很疑惑為什麼他的米爾頓模式一直無法奏效，我說你現在把我當客戶來銷售一次看看。結果我從頭到尾都只聽到大量的名詞化，缺少了呼應。我告訴他，你的銷售模式會給人從頭到尾都很空泛、不實際的感覺，接著幫他做了一點修正之後，業績就出來了。

　　所以當你遇到有後設的客戶、很抗拒的客戶、很理性的客戶、為了反對而反對的不理性客戶時，你更應該要做到大量

呼應，陳述更多客觀的事實。因為大量呼應，他才會進入「睜眼催眠」狀態，他的意識就會忽略了後設，開始接受你的引導了，催眠銷售沒有很難，你一定也可以做得到。

結語

在業務從事多年，從固定型態的背話術，到運用心理學靈活的面對客戶，過程中經歷了許多的挫折，我曾經在心理學的操作未能掌握其關鍵要領，也一度放棄，改回過去僵化的模式，畢竟固定的模式還是有客戶買單。

只是隨著市場上的業務越來越多，銷售話術越是一致，市場上的回饋也越來越容易拒絕業務，因為客戶們已經漸漸適應話術了。反觀 Top Sales 卻沒有這樣的困擾，因為他們懂得應變，懂得適應市場上的變化，更懂得時時刻刻充實自己。

感謝讀者耐心讀到最後，NLP 有龐大且彈性的技術，每一個章節的技術、策略都可供讀者在市場上保持彈性的應對，減少客戶對銷售的抗拒。其中，NLP 有一條極為重要的基本假設：

抗拒就是呼應不足的訊號。

我們都知道客戶購買保險的背後，一定都會有他們的擔憂或需求，可是客戶沒有必要一開始坦誠的讓業務知道，因為他們害怕被業務看穿、害怕被業務銷售的感覺。

如果我們能夠遵循這樣的假設前提，對客戶充分的呼應，呼應客戶的價值觀、想法、情緒……等，客戶被照顧自己的價值觀、想法、情緒時，客戶不願意透露的擔憂或需求，才會慢慢浮現出來，你才能真正的傾聽、掌握到有效的成交訊號，讓你的銷售過程一切都變得更優雅、順利。

很謝謝保險業務八年來的磨練，過程中有很多的挫折和磨難，讓我不氣餒的一直在找尋突破的方法，在過程中找到了NLP，改變了我的人生，也改變了我原生家庭的相處模式。

在此特別感謝擔任講師的過程中，許多學生給我的回饋和見證，以及許多老師帶給我的啟蒙與成長，讓我有能力給予我課程的學生及閱讀此書籍的讀者更多的幫助，未來還會想繼

續寫有關 NLP 的後續著作，期盼帶給社會更多成長的養分。

　　如果正在閱讀的你正遭遇挫折，相信能夠打開你更多成長、彈性的思維和策略；如果你是略有小成的業務，相信這是你進階為 Top Sales 最重要的一塊拼圖；如果你是處經理，相信能夠帶給你教育訓練上更多轉型、升級的資源；如果你已經是 Top Sales 了，相信你更能夠理解自己渾然天成的銷售技術之外，還能將自己的技能更上一層樓，也能有清楚結構的傳遞分享出去。

　　最後歡迎讀者可以跟我交流，分享你閱讀後改變的心得。

NLP 保險銷售寶典

國際 NLP 訓練師徐承庚教你如何改變傳統保險銷售技巧，快速成為 TOP SALES

作　　　者／徐承庚
繪　　　圖／徐岱欣
封 面 設 計／許哲綸
美 術 編 輯／孤獨船長工作室
責 任 編 輯／許典春
企畫選書人／賈俊國

總　編　輯／賈俊國
副 總 編 輯／蘇士尹
編　　　輯／高懿萩
行 銷 企 畫／張莉滎・蕭羽猜・黃欣

發　行　人／何飛鵬
法 律 顧 問／元禾法律事務所王子文律師
出　　　版／布克文化出版事業部
　　　　　　臺北市中山區民生東路二段 141 號 8 樓
　　　　　　電話：(02)2500-7008　傳真：(02)2502-7676
　　　　　　Email：sbooker.service@cite.com.tw
發　　　行／英屬蓋曼群島商家庭傳媒股份有限公司城邦分公司
　　　　　　臺北市中山區民生東路二段 141 號 2 樓
　　　　　　書虫客服服務專線：(02)2500-7718；2500-7719
　　　　　　24 小時傳真專線：(02)2500-1990；2500-1991
　　　　　　劃撥帳號：19863813；戶名：書虫股份有限公司
　　　　　　讀者服務信箱：service@readingclub.com.tw
香港發行所／城邦（香港）出版集團有限公司
　　　　　　香港灣仔駱克道 193 號東超商業中心 1 樓
　　　　　　電話：+852-2508-6231 傳真：+852-2578-9337
　　　　　　Email：hkcite@biznetvigator.com
馬新發行所／城邦（馬新）出版集團 Cité (M) Sdn. Bhd.
　　　　　　41, Jalan Radin Anum, Bandar Baru Sri Petaling,
　　　　　　57000 Kuala Lumpur, Malaysia
　　　　　　電話：+603-9057-8822 傳真：+603-9057-6622
　　　　　　Email：cite@cite.com.my

印　　　刷／韋懋實業有限公司
初　　　版／2022 年 3 月
定　　　價／300 元
Ｉ Ｓ Ｂ Ｎ／978-626-7126-03-5
　　　　　　9786267126042(EPUB)

城邦讀書花園　布克文化
www.cite.com.tw　WWW.SBOOKER.COM.TW